미래를 준비하는 인간

AI시대, 우리는 어떻게 준비해야 하는가

미 래 를 준 비 하 는 인 간

AI시대, 우리는 어떻게 준비해야 하는가

에드워드 헤스, 캐서린 루드위그 지음 | 이음연구소 옮김

어문학사

일러두기

○ 본문의 모든 각주는 옮긴이의 것이다.

서문

왜 이 책을 읽어야 하는가?

지금 우리 사회는 테크놀로지 쓰나미technological tsunami의 정점에 와 있다. 인공지능artificial intelligence, 사물인터넷Internet of Things, 가상현실virtual reality, 로봇공학, 나노 테크놀로지, 딥러닝deep learning, 휴먼 브레인 매핑human brain mapping, 생물의약학, 유전학, 사이보그 엔지니어링 등의 발달은 인간의 삶뿐만 아니라 일하는 방식에 이르기까지 이제까지 인류가 경험하지 못했던 대혁명을 일으킬 것이다. 미래의 테크놀로지는 자체적인 프로그래밍뿐만 아니라 스스로 하는 학습도 가능하게 할 것이다. 앞으로 다가올 이러한 현상을 우리는 스마트머신 시대Smart Machine Age로 부르기로 한다.

과거 농경시대와 산업혁명도 그 당시에는 파괴적인 영향과 사회적 대변화를 일으켰다. 하지만 스마트머신 시대는 그 이상의 잠재력을 가지고 있다. 과거 수십 년 동안 미국의 일자리는 해외로 위탁되었고, 반복 작업이 이뤄지는 많은 공장에서는 자동화가 진행되었다. 스마트머신 시대는 오늘날 각광받는 전문직을 포함하여 수많은 근로자들에게 폭넓고 심대한 영향을 미칠 것이다. 이러한 새로운 현실은 우리에게 다음과 같은 질문을 하게 한다.

- 나는 로봇이나 스마트머신으로 대체될 것인가?
- 나는 앞으로 다가올 새로운 시대에서 과연 성공할 수 있을까?

- 성공하려면 무엇을 어떻게 준비해야 하는가?
- 새로운 환경은 내 경력에 어떠한 영향을 미치며, 나는 과연 의미 있는 일을 할 수 있을 것인가?
- 새로운 시대를 대비하기 위해 우리 자녀들은 어떻게 준비해야 하는가?

눈앞에 다가온 스마트머신 시대

테크놀로지가 우리의 경제와 삶에 중요한 영향을 미친다는 사실은 더 이상 새로운 것이 아니다. 테크놀로지의 발달로 생산성은 향상되었지만, 인건비는 감소하거나 동결되었다. GDP와 NINational Income(국민소득)는 2차 세계대전 이후 지속적으로 상승했지만 근로자 소득의 중간값은 1999년 이후 감소하고 있다. 2013년 생산직과 비관리직의 생산성은 1973년 대비 107퍼센트가 증가했음에도 불구하고 임금은 오히려 13퍼센트나 감소(물가 상승률 조정 반영)했다. 결과적으로 사회적 불평등은 1929년 발생한 미국의 대공황 이후 크게 악화되고 있다. 더 많은 사람들이 과거보다 적은 보수를 받으면서 더 열심히 일하고 있으며, 이러한 원인의 일부는 테크놀로지의 발전에 있다.

미국 회계감사원Government Accountability Office, GAO의 2015년 4월 보고서에 따르면, 지난 몇 년간 시간제, 임시 직원, 개인 도급업자independent contractor 등을 포함한 '임시 고용 노동자'의 비율은 전체 노동시장의 40퍼센트에 달하고 있다. 즉 혁신이나 창의성을 요하지 않는 업무가 자동화됨에 따라

임시 고용 노동자의 비율이 높아지고 있는 것이다. 지난 수십 년간 자동화는 지속적으로 추진되어 왔다. 지금까지 로봇은 자동기계장치로서 인간의 직접 또는 간접적인(원격 조정) 조작에 따라 수동적인 작업만 수행했다. 그러나 가까운 미래에는 기계들이 점점 더 스마트해지면서 인간만이 할 수 있다고 생각되던 불규칙하고 인지적인 업무까지 기계들이 수행할 수 있게 될 것이다. 테크놀로지는 기계의 영향을 받지 않는 지식노동자, 예를 들어 회계사, 중간관리자, 의사, 변호사, 기자, 연구원, 건축가, 교사, 컨설턴트 등 전문지식이 필요한 영역까지 영향을 미치기 시작했다. 스마트 기술은 유비쿼터스화 되어 우리의 전문적이고 개인적인 생활을 침범할 뿐만 아니라 그 모습을 크게 변화시킬 것이다. 기술의 발달은 성공, 기회 및 꿈 American Dream 등에 대한 근본적인 신념에도 영향을 미칠 것이다.

어떤 영향이 있을 것인가?

최근 옥스퍼드대학과 영국은행은 향후 10~20년간 테크놀로지가 사회 전반에 미치는 영향에 대한 연구 결과를 발표했다.

이 연구는 기술 발달로 인해 미국 일자리의 약 47퍼센트가 사라지고, 기계가 약 8,000만 명의 노동자를 대신하리라는 암울한 전망을 내놓았다. 테크놀로지가 주도하는 노동시장 혁명에서 살아남기 위해서는 기계가 할 수 없는 비판적이고 혁신적인 사고력, 창의력, 효과적으로 경청하고 협력의 관계 형성 및 협력 등의 능력을 보유해야 한다고 전문가들은 입을 모으

---

* 유비쿼터스는 '언제 어디에나 존재한다' 는 의미를 가진 라틴어로 사용자가 컴퓨터나 네트워크를 의식하지 않고 장소에 상관없이 자유롭게 네트워크에 접속할 수 있는 환경을 의미한다.

고 있다. 우리는 이러한 인간만이 할 수 있는 것을 '스마트머신 시대 능력 SMA Skills' 이라고 부르기로 한다.

테크놀로지 낙천주의자들은 18세기 산업혁명이 그랬듯이 미래의 혁명 시기에도 인간을 위한 신규 일자리가 충분히 생겨날 것으로 내다보고 있다. 즉 역사는 반복된다는 것이다. 그러나 우리는 이러한 관점에 두 가지 의문을 제기한다. 첫째, 역사가 다시 한 번 반복된다는 예측은 산업혁명을 제대로 이해하지 못한 것에서 비롯된 것이다. 왜냐하면 그 당시 영국 사회는 산업혁명이 유발한 변화에 적응하는 데 60년이 걸렸으며, 이는 동 기간 내내 대혼란이 이어졌음을 의미하기 때문이다. 둘째, 테크놀로지 자체가 만들 수 없는 수천만 개의 신규 일자리가 생길지 여부이다. 단기간에 이를 실현하는 것은 거의 불가능에 가깝다.

우리는 데이터를 통해 스마트머신 시대에 가능한 일의 규모 및 종류뿐만 아니라 필요한 능력 유형에도 큰 변화가 있을 것이라는 점을 확인했다. 이러한 변화는 우리 세대에서 끝나지 않고 우리의 후손에게도 이어질 것이다. 다시 말해 높은 수준의 사고력, 창의력 및 높은 감성지능 등을 지닌 사람만이 새로운 일자리를 찾을 수 있으며, 새로운 시대에서 성공할 수 있다. 이러한 능력을 갖추는 것은 일반적으로 인지와 감정 모두를 가진 인간의 본성과 우리가 받아온 훈련과 교육 방식에 역행하는 부분이 많기 때문에 상당히 도전적인 과제라 할 수 있다.

1장에서 좀 더 자세히 논의하겠지만, 우리 인간은 편견에 오염되어 있다. 생존을 위해 빠른 판단과 사고를 해야 하는 경우가 많기 때문에 비판적이고 혁신적인 사고에 능숙하지 못하다. 우리의 감정은 인식과 떼어낼 수 없을 정도로 복잡하게 엮여 있다. 우리의 행동, 사고, 의사결정 등의 능력은 감정관리 능력에 따라 강화 또는 약화될 수 있다. 또한 우리는 신념에 반하는 정보를 접했을 때 해당 정보를 거부하거나 피하는 경향이 있다. 이는 지극히 인간적인 행동이다. 인간은 본능적으로 자신의 자아를 보호할 수 있는 생각과 행동을 취하도록 창조되었다. 그러나 이러한 본능은 새로운 것을 배우기보다는 기존의 지식을 확인하기 위한 정보만을 습득하게 한다. 인간의 싸우고 도망치거나 얼어버리는fight_flee_or_freeze 진화적 반응은 실패와 난처함에 대한 공포로 유발되고, 이는 창의력, 비판적 사고, 혁신적 사고, 감성적인 관계 유지 능력을 방해하게 된다.

위에서 말한 인지적이고 감정적인 변화는 사고 수준이 다른 사람과 협력할 수 있는 능력을 저하시킨다. 우리는 과학을 통해 극히 소수만이 자신의 능력으로 높은 수준의 창의력, 비판적인 사고 및 혁신적인 사고에 도달할 수 있다는 것을 알고 있다. 대부분의 사람들은 타인의 도움 없이는 이러한 능력을 갖추기가 불가능하다. 그래서 스마트머신 시대 능력에서 중요한 것은 '팀 활동'이다. 또한 육성의 관점에서 미국 문화*는 자기중심적인 개인주의를 권장하고 있다. 이런 환경은 스마트머신 시대의 능력에 필요한 외향적인 사고방식과 높은 수준의 사고력에 필요한 행동 그리고 다른 사람과 감성적 관계를 형성하는 행동을 억제하는 쪽으로 영향을 미친다.

스마트머신 시대에서 인간이 성공하고 필요한 능력을 효과적으로 습득하고 사용하려면, 해당 행동을 억제하는 문화와 사고방식, 인지 및 감정적인 방법 등을 극복해야 한다. 이를 극복해야 편견과 자아가 없고 감

---

* 이 책은 미국의 시각에서 쓰였다.

정적인 방어나 실수를 두려워하지 않는 '스마트머신'과 효과적으로 경쟁할 수 있다. 무엇보다 이러한 능력은 스마트머신이 보유할 수 없는 인간의 장점들이다. 이 책의 목적은 어떻게 하면 뛰어난 사고가, 경청가 및 협력자가 될 수 있으며, 이를 통해 개인주의를 극복하고 다가올 새로운 시대에서의 성공법을 알려주는 것이다. 이 책에는 개인, 팀 또는 조직의 관점에서 인간의 우수성을 극대화할 수 있는 방법이 상세하게 제시되어 있다.

무엇을 해야 하는가?

우리는 스마트머신 시대에 필요한 능력을 억제하는 본능적인 행동을 바꿔야 한다. 비판적 사고, 혁신적 사고, 창의력, 감성, 사회성 및 고성과 조직(high performance learning organazation) 등에 대한 과학적 조사는 인간의 본능과 양육(교육 등)의 한계는 기본적인 행동의 변화를 통해 극복할 수 있음을 보여주고 있다. 우리의 변화에 기초가 될 기본적인 행동은 자아통제quieting ego, 자기관리managing self(개인의 생각과 감정 관리), 숙고적 경청reflective listening, 타자성otherness(타인과의 정서적 교감) 등 4가지이다.

이러한 4가지 행동을 자연스럽게 수행하기 위해서는 그동안 살아왔던 삶의 방식에 근본적인 변화가 필요하다. 사람들이 행동의 변화를 쉽게 받아들이기 위해서는 개인의 믿음 체계(정신적 모델)가 새로운 행동을 지지하도록 해야 한다. 그러나 정신적 모델을 바꾸기 위해서는 앞으로 다가올 스마트머신 시대를 정확히 이해하고 우리가 가지고 있는 '스마트'에 대한 근본적인 의미를 바꿔야 한다. 스마트머신 시대에서 살펴봐야 할 우리의 첫 번째 영웅(새로운 시대에 도움을 주는 것)은 '뉴 스마트New Smart'이다. 뉴 스마트는 스마트함에 대한 새로운 의미를 말한다. 이는 앞으로 인간보다 똑똑한 테크놀로지 시대에서 성공하기 위해 필요조건임과 동시에 기준이기도 하다.

뉴 스마트

오늘날 '스마트'에 대한 가장 일반적인 의미는 양적인 사고에 기초하고 있다. 즉 한 사람이 다른 사람보다 많은 양의 지식을 가지고 있다면 그 사람은 다른 사람에 비해 스마트하다는 것을 의미한다. 스마트의 또 다른 의미는 실수를 가장 적게 하는 사람이나, 시험에서 가장 높은 점수를 받는 사람을 말한다. 이러한 스마트에 대한 의미는 산업혁명의 유산이라 할 수 있다. 산업혁명 당시 노동자의 목표는 불량이 없는 대량 생산이었고, 기업은 반복되는 업무를 노동자들에게 교육함으로써 실수를 최소화하여 이윤을 극대화하는 것이 가장 중요한 목표였다. 이는 오늘날 우리 사회에서 많은 지식을 지닌 사람이 더 많은 보상을 받는 경제 시스템으로의 발달로 이어졌다.

그러나 스마트머신 시대에서는 우리가 알고 있는 '스마트'는 큰 의미를 갖지 못한다. 그 이유는 인간이 '스마트머신'보다 더 많은 지식을 습득할 수 없기 때문이다. 스마트머신은 이 세상 어떤 인간보다 많은 양의 데이터를 더 빠르고 정확하게 가공하고 기억할 수 있으며, 수많은 패턴과 차이를 찾아낼 수 있다. 만약 지식의 양을 기준으로 스마트함을 판단할 경우 인간은 영원히 기계를 앞서갈 수 없을 것이다. 또한 올드 스마트는

---

* 이 책에서는 올드 스마트^{Old Smart}로 표현.

혁신, 과학적 발견, 창업, 창의력 등에 필요한 반복학습에 기본이 되는 실수와 실패를 용납하지 않는다. 스마트머신 시대에서 올드 스마트를 중요시하는 사람은 새로운 '바보'가 될 것이다.

뉴 스마트는 양적인 기준(예를 들어 얼마나 많이 알고 있는지 여부)이 아닌 사고력, 학습능력, 다른 사람과의 감성적 교감 능력 등에 대한 평가다. 뉴 스마트는 완벽한 사람이나 다른 사람보다 더 많은 지식이 있는가에 대한 개념이 아니다. 뉴 스마트는 최고 수준의 사고력과 학습능력 그리고 감성적인 교감 능력에서 우수하다는 것을 의미한다.

2장에서는 뉴 스마트의 정의와 질적인 사고에 필요한 생각들에 관해 논의한다. 우리는 비판적 사고 전문가들의 견해를 소개하고, 세계에서 가장 성공한 헤지펀드 중 하나인 브리지워터 어소시에이츠Bridgewater Associates(이하 브리지워터) 창업자 레이 달리오Ray Dalio와 창의적이고 혁신적인 픽사 애니메이션 스튜디오 창업자 에드 캣멀Edwin Catmull 사례가 주는 시사점을 공유한다. 또한 스마트머신 시대에서 과학자처럼 생각하고 개인의 무지함을 인정하여 다른 사람들과 협력하고 실수와 실패를 통해 학습해나가야 하는 진정한 이유와 그 실천 방법도 소개한다.

뉴 스마트 시대 두 번째 영웅은 휴밀리티이다. 과학적인 연구 결과에 따르면 높은 수준의 사고력, 학습능력 및 다른 사람과의 감성적 교감을 가로막는 가장 큰 요인은 자아와 두려움, 이 두 가지로 집약된다. 고성과 조직에 대한 연구를 통해서도 이와 같은 사실은 확인된다. 인간의 자아와 두려움을 완화하고 최고 수준의 사고력과 정서적인 참여를 위해서는 휴밀리티가 필수적이다.

휴밀리티

'휴밀리티' 란 무엇일까? 이는 미국 사회에서 말하는 온순하거나 조용하고 별 볼일 없는 것이 아니다. 이 책에서 말하는 휴밀리티는 심리학, 서양의 비판적 사고철학 및 동양 철학 등에서 유래된 개념이다. 휴밀리티란 열린 마음, 즉 내가 중심이 되지 않고 인간의 우수성이 실현되도록 세상을 편견 없이 있는 그대로 받아들이는 것을 의미한다. 이 책에서 말하는 휴밀리티는 스마트머신 시대에 반드시 필요한 능력으로 새로운 시대에서 성공할 수 있는 필수적인 요소가 될 것이다. 3장에서 자세하게 살펴보겠지만, 자기중심적, 자기방어적, 자기고양적, 자기홍보적, 폐쇄적 등의 사고방식은 휴밀리티가 아니다. 학습과학과 인지과학에서는 이러한 행동을 사고력, 창의력, 혁신, 타인과의 감성적 관계나 협력 등을 방해하는 행동으로 말하고 있다.

성공한 사람에게 휴밀리티란 개념은 받아들이기 힘든 내용이다. 그 이유는 그들은 자신의 성공이 자신의 강인함과 개인의 능력에서 비롯되었다고 생각하기 때문이다. 그들에게 휴밀리티는 성공에 반대되는 개념으로 받아들여진다. 그러나 이런 인식은 미국에서도 변하고 있다. 이 책에서 소개할 구글, 픽사, 브리지워터, 인튜이트Intuit, 미 해병대 등의 세계적인 기업 및 조직들은 휴밀리티를 활용하는 모범적 조직과 리더들을 배출해내고 있기 때문이다.

아마 이 책을 읽는 사람 중 일부는 자신이 이미 훌륭한 사고능력을 가지고 있으며, 누구보다 경청을 잘한다고 생각할 수도 있다. 또는 다른 사람과 잘 어울리고 남에 대해 충분히 배려하며, 자기중심적이지 않다고 생각할 수도 있다. 우리도 7년 전에는 같은 생각을 하고 있었다. 그러나 이 생각은 틀린 것이었다. 높은 사고력과 경청능력은 있었지만 완벽하지 못했으며, 완벽하지 않으면 스마트머신 시대에서는 그다지 큰 의미를 갖지 못한다. 스마트머신 시대에서 스마트머신과 경쟁하기 위해서는 최고 수준의 사고력, 경청능력, 친화력과 협력만이 성공할 수 있는 방법이기 때문이다. 또한 최고 수준에 도달하기 위해서는 결과를 이끌어낼 수 있는 행동이 수반되어야 한다. 이 책은 스마트머신 시대에서 성공하기 위해 2개의 영웅 '뉴 스마트'와 '휴밀리티'를 소개하고 이를 통해 스마트머신 시대에 필요한 4개의 능력을 완벽하게 체화하는 방법을 소개 및 해설한다.

뉴 스마트 행동

4장에서 7장까지는 자아통제, 자기관리, 숙고적 경청, 타자성이 스마트머신 시대에 필요한 이유를 설명한다. 또한 해당 행동을 실천하는 방법을 제시하고 우리의 경험은 물론 세계적인 리더들과 주요 기업 창업자들의 경험을 토대로 해당 행동을 개선할 수 있는 방법도 함께 제시한다. 함께 일한 대부분의 사람들은 해당 행동에 대해 "나는 잘하고 있다"라는 반응을 보였다. 그러나 그들은 4개의 행동을 만드는 다양한 하위 행동들이 있다는 것을 깨달은 후에는 전혀 다른 차원의 사고력, 경청능력, 자기관리, 감성적 교감 등이 필요하다는 결론에 동의했다.

그저 알고 있는 것만으로는 중요한 의미를 갖지 못한다. 그렇기 때문에 이 책은 '어떻게 해야 하나'에 집중하고 있다. 우리는 실제로 행동해야 하며 그것도 뛰어나고 일관되어야 한다. 우리는 의도적으로 뉴 스마트 행동을 실행에 옮겨야 한다. 세계적인 운동선수, 음악가, 무용수 등이 끊임없이 훈련하듯 우리도 우리의 인지, 감정, 자기관리 능력 등을 향상시키기 위해 부단히 노력해야 한다. 그래야 인간과 스마트머신을 구분 짓는 사고력과 감정과 관련한 능력의 핵심인 뉴 스마트 행동을 강화할 수 있다.

8장에서는 「뉴 스마트 행동 진단 도구」를 통해 각자의 뉴 스마트 행동 수준을 향상시킬 수 있도록 할 것이다. 진단을 통해 어떤 부분에 개선이 필요한지 스스로 확인할 수 있다. 뉴 스마트 행동 진단 도구는 수년간 수천 명의 리더와 함께 일하는 과정에서 개발된 것이다. 수천 명의 리더와 매니저들은 하나같이 개선이 필요하다는 결론을 내렸다. 평가를 통해 진단한 후에는 '개인 수준의 뉴 스마트 행동 개선 계획'을 세우고 훈련을 거듭하며 새로운 능력을 완벽하게 만들어야 한다. 이 책의 최종 목표는 활용하고 측정할 수 있는 행동 개선 계획을 만들고 실행하여 스마트머신 시대를 준비하는 것이다.

뉴 스마트 조직 이끌기

9장에서는 개인에서 팀 또는 조직으로 초점을 바꿔 해설한다. 테크놀로지의 발달로 많은 산업에서 일자리 수가 급격하게 감소할 것이다. 그럼에도 최고 수준의 사고력, 감성적인 교감능력과 관련한 업무는 인간만이 수행할 수 있는 영역으로 남을 것이다. 따라서 이런 업무가 요구되는 직무와 산업에서는 인간의 능력이 여전히 필요할 것으로 전망된다. 그러나 최고의 사고력을 갖추고, 관계 친화적인 환경이 조성되어야만 조직과 기업은 성공할 수 있다. 이를 위해서는 긍정적이고 인간 중심의 근무환경이 요구된다. 역설적으로 테크놀로지는 기업을 가장 비인간적으로(인원 축소, 완전자동화 공장 등), 그리고 동시에 가장 인간 중심의(인간만이 할 수 있는 업무) 공간으로 변모시킬 것이다.

스마트머신 시대에서 지속적인 경쟁력을 유지하는 조직을 이끌기 위해서는 뉴 스마트를 포용하고 휴밀리티와 뉴 스마트 행동을 격려하는 조직문화와 의사결정 프로세스의 디자인이 요구된다. 이런 문화와 프로세스가 조성되어야만 조직의 미션과 목표 달성에 필요한 새로운 능력이 개발되고 잠재해 있는 역량을 이끌어낼 수 있다. 스마트머신 시대에서의 성공적인 조직문화는 인간의 학습능력을 방해하는 자기방어와 두려움을 최소화하도록 디자인되어야 한다. 심리학적 개념인 확신, 자기결정성이론, 심리적 안정이 스마트머신 시대와 친화적인 환경을 만드는 기초가 된다. 학습과학과 고성과조직에 대한 연구를 통해 뉴 스마트 조직 운영을 위한 초기 로드맵을 얻을 수 있다.

배움 여행

나는 이 책을 저술하기 위해 지난 수년에 걸쳐 연구를 진행해왔다. 철학, 심리학, 행동경제학, 교육학, 기초과학, 사회학, 역사학, 법학, 공학기술, 경영학, 미술학, 진화생물학, 인류학 등 수많은 분야에 거쳐 연구가 진행되었다. 무려 600개 이상의 논문과 100여 권의 서적을 조사했으며, 스마트머신 시대에 필요한 능력의 관점에서 최고로 알려진 개인과 조직에 대한 현장연구를 통해 이 책은 완성되었다. 이 책의 끝부분에는 주요 참고문헌과 추천도서 목록을 확인할 수 있다.

이 책을 위해 진행된 연구는 나의 상상력, 미래에 대한 걱정 및 두려움 등에 자극받아 진행되었다. 스마트머신 시대가 우리 사회에 미칠 영향뿐만 아니라 미래사회에 가져올 변화와 미래에 다가올 기술 혁명에 어떻게 적응하고 받아들여야 할지에 대한 우려와 상상력을 배경으로 연구가 진행되었다. 연구 결과를 통해 내린 결론은 미래의 변화를 준비하기 위해서는 인간보다 스마트한 머신의 시대에서 성공에 대한 의미를 재정의하고 성공에 대한 새로운 이야기를 만드는 것이다.

낙오자가 되고 싶은 사람은 아무도 없다. 과학자이자 미국 실리콘밸리 사업가인 제리 카플란Jerry Kaplan이 자신의 책 『인간은 필요 없다Humans Need Not Apply』에서 경고한 것처럼 사무실에 마지막까지 남아 불을 끄고 싶어하는 사람은 없을 것이다. 이 책을 읽는 17세 이상 모든 사람은 내용을 실제 행동으로 옮길 것을 촉구한다. 스마트머신 시대는 다가오고 있으며, 우리는 이에 대한 준비를 시작해야 한다. 여러분이 이 책을 계속 읽으면서 학습하고 경청하고 다른 사람과 관계를 맺고 협력하는 방법을 학습하길 희망한다. 여러분과 우리 모두 함께 스마트머신 시대에서 성공하길 바란다.

* 그는 책에서 "기계가 스스로 불을 끌 것이다"라고 했다.

| 차례 |

Part 3
뉴 스마트 조직

Part 1
스마트머신 시대에 필요한
새로운 정신적 모델

Chapter 1

스마트머신 시대
새로운 게임에는 새로운 규칙이 필요하다

"우리는 기계의 도움으로 겸손하고 좋은 삶을 살 수 있다.
그러나 기계를 거만하게 대하면 죽을 것이다."
- 노버트 위너Norbert Wiener

위 내용은 MIT대학 수학 교수이자 컴퓨터 공학의 개척자인 노버트 위너 교수가 1948년 뉴욕타임스 투고를 위해 작성했지만 출판되지 못한 원고 중 일부이다. 위너 교수는 1948년부터 기계의 자동화와 통제되지 않은 인공지능의 발달로 인해 우리에게 다가올 위험을 경고했다. 지난 수십 년 동안 테크놀로지를 바라보는 이러한 부정적인 예측은 지도층 사회의 외각에 머물렀고, 주로 공상과학 애호가들의 관심사였다. 그 당시 위너 교수가 예측했던 테크놀로지는 빙산의 일각에 불과했다. 그의 예언은 이제서야 빛을 보게 되었다.

스마트머신이 점점 자동화되고 있다. 과거 사람만 할 수 있다고 믿었던 불규칙적이고 인지적인 업무도 스마트머신이 수행할 수 있게 되었다. 언어 능력과 사람의 음성 및 얼굴을 인식하는 능력을 함께 지닌 스마트머신이 계속해서 개발되고 있다. 최근의 테크놀로지는 스포츠 기사를 작성하고, 자산실사 및 서류 분석 분야에서는 전문 신문기자나 변호사보다 더 빠르고 더 완벽하게 업무를 수행하는 경지에 다다랐다. 자동인식기능, 센서, 로봇 등의 기술 발달로 인해 무인자동차, 무인창고, 무인우편정리 등이 현실화되면서 사람이 하던 업무까지 기계화되고 있다. 병원, 호텔, 식당, 박물관, 쇼핑몰 등에서도 고성능 휴머노이드 로봇을 어렵지 않게 볼 수 있다. 로봇은 더 이상 인간 뒤에 숨어 단순반복적인 업무만을 하지 않고, 손님이나 환자와 직접 소통하고 있다. 한 예로 힐튼호텔은 지난 2016년부터 IBM 왓슨과 합작하여 개발한 로봇 '코니Connie'를 로비에 호텔 컨시어지로 배치했다. 힐튼호텔은 로봇 컨시어지를 지속적으로 확대해 나갈 계획이라고 한다.

오늘날 로봇은 단순반복적인 업무만을 대상으로 하지 않는다. 로봇은 자동화 툴과 알고리즘을 활용하여 인지능력이 필요한 업무도 수행할 수 있다. 로봇은 정보를 분석하고 패턴을 찾아 연역적 추리를 통해 문제를 해결하는 능력까지 갖추게 되었다. 로봇은 미국 아이비리그 대학 와튼스쿨의 졸업생 수십 명보다 투자 이론을 활용한 헤지펀드를 만드는 데 뛰어나다. 또한 뉴욕 메모리얼 슬론 케터링 암 센터Memorial Sloan Kettering Cancer Center 의사들보다 더 정확히 암 진단을 내릴 수 있는 수준까지 발달되었다. 구글과 같은 세계적인 기업이 개발하고 있는 신체 삽입형 생체인식 센서는 의사를 대신하여 개인의 건강을 관리하게 될 것이다. 또한 얼굴 표정인식 소프트웨어는 인간보다 인간의 감정을 더욱 빠르고 정확하게 파악하여 사람과의 관계를 인간보다 더 능숙하게 맺게 될 것이다. 미국 MIT대학과 아랍에미리트의 마스다르기술원Masdar Institute은 지난 2006년부터 2014년까지 직업별 직무 변경에 대한 정량적 연구를 세계 최초로 진행했다. 이 연구에 따르면, 컴퓨터 과학자들은 인간이 생각해낼 수 있는 모든 직업의 직무에 대한 알고리즘을 개발할 수 있다고 한다.

프로그램 개발자들은 인간의 두뇌를 모델링한 인공신경 코드 네트워크와 빅데이터를 활용하여 인간에 버금가는 분석능력과 가공된 데이터를 활용할 수 있는 로봇을 개발하고 있다. 머지않아 로봇은 인간의 능력을 넘어설 것이다.

로봇은 인간이 개발했지만, 어느덧 인간의 능력을 능가하고 있다. 좋은 예로 지난 2016년 3월, 구글의 인공지능 개발회사 딥마인드deep mind가 개발한 알파고는 한국의 이세돌 9단을 바둑에서 4대 1로 이겼다. 지난 1996년 IBM이 개발한 딥블루deep blue가 세계 체스챔피언 게리 카스파로프를 상대로 우승을 거둔 이후, 인공지능 기계가 사람을 상대로 승리를 거둔 것은 20년 만의 일이다. 그러나 알파고와 이세돌 9단이 시합을 치르기 전 많은 전문가들은 이세돌이 이길 것으로 전망했다. 그 이유는 바둑은 인류역사상 가장 복잡한 보드게임이며, 컴퓨터 프로그램이 사람을 상대로 승리할 수 있는 수준까지는 발전하지 못했다고 판단했기 때문이다. 많은 사람들은 기계가 사람을 이기려면 앞으로 최소 10년 이상은 더 걸릴 것으로 예상했었다. 그러나 전문가의 예상을 깨고 알파고는 압도적인 승리를 거두었다.* 승리 후 딥마인드의 데미스 하사비스Demis Hassabis 대표는 알파고에 사용된 알고리즘은 앞으로 의료 서비스는 물론 다양한 과학 분야까지 광범위한 분야의 문제를 해결하는 데 활용될 수 있다고 언급했다.

실리콘밸리에서 MIT와 옥스퍼드대학에 이르기까지 수많은 테크놀로지 전문가들은 앞으로 다가올 테크놀로지 시대가 우리 사회와 경제에 미칠 잠재된 파괴력에 대해 경고하고 있다. 이 시점에서 69년 전의 위너 교

---

* 2017년 5월 23~27일, 알파고와 중국의 커제 9단이 2번째 인간 대 인공지능의 대결을 펼쳤다. 커제는 0대 3으로 알파고에 완패했으며, 인간은 알파고의 상대가 되지 못했다.

수의 경고를 다시 한 번 생각해볼 필요가 있다. 위너 교수를 다시 한 번 언급하는 이유는 공상과학에서 말하는 로봇에 의한 세계 종말을 믿어서가 아니다. 우리가 성공하기 위해서는 미래의 환경 변화를 인정하고 치밀하게 준비해야 하기 때문이다.

급변하는 새로운 자동화 환경에 적응하면서 성공할 수 있는 방법이 전혀 없는 것은 아니다. 그러나 성공을 위해 지금까지 인지해온 '스마트함'의 근본적인 의미와 성공을 위한 필수조건에 대한 인식의 변화가 필요하다. 미래에 다가올 세상을 무시하거나 제대로 준비하지 않는다면, 이는 인간의 오만하고 무모한 행동일 뿐이다.

스마트머신과 새로운 시대

인간보다 학습능력이나 생각 속도가 빠르고, 규칙적이고 인지적인 과제를 더 잘 수행할 수 있는 휴머노이드 로봇과 빅데이터로 연결된 컴퓨터가 급속도로 발전하고 있다. 이로 인해 수많은 컴퓨터과학 전문가들은 물론 경제학자와 비즈니스 리더들까지도 산업혁명 이후 가장 거대한 혁명이 다가오리라 예측하고 있다. 지난 18세기 영국에서 시작된 산업혁명 이후 형성되어 오늘날까지 이어지고 있는 우리의 비즈니스 모델, 교육 모델 및 리더십 모델 등은 새로운 시대에 더 이상 유효하지 않을 가능성이 매우 높다. 인공지능, 사물인터넷, 가상현실, 로봇, 나노 테크놀로지, 딥러닝, 휴먼 브레인 매핑, 생물의학, 유전학, 사이보그 엔지니어링 등 다양한 분야의 발달로 인해 일반 노동자부터 지식인까지 우리 모두의 삶과 생계 유지 방식에 근본적인 변화가 일어날 것이다.

스스로 프로그래밍하고 학습할 수 있는 테크놀로지는 집, 공장, 사무실 등에 적용되어 우리의 생활 공간을 유비쿼터스화하고 있다. 또한 테크놀로지 발달의 위협으로부터 자유롭다고 생각되던 회계사, 비즈니스맨, 의사, 변호사, 기자, 연구원, 건축가, 컨설턴트, 교사 등의 전문직도 더 이상 자유를 보장받을 수 없게 되었다. 전문직에서 가장 큰 변화를 가져올 테크놀로지는 인공지능, 딥러닝, 머신러닝 등이다. 지난 2016년 5월 테크놀로지 산업 컨퍼런스에서 아마존의 CEO 제프 베저스는 향후 20년간 테크놀로지가 우리 사회에 가져올 영향력을 예측하는 것은 물론 상상조차 하기 어렵다고 말했다. 그만큼 테크놀로지는 우리가 생각하는 그 이상의 속도로 개발되고 있으며 가까운 미래에 대변화를 가져올 것이다.

스탠퍼드대학 부교수이자 중국 최고 과학자이며, 코세라Coursera*의 회장이자 설립자인 앤드류 응 교수는 월스트리트저널과의 인터뷰에서 "지능화 기계 시대는 엄청나게 많은 사람을 실업자로 만들 것이다. 이들은 소득이 없어 세금도 낼 수 없을 것이다. 재교육을 받지 않으면 사회로부터 버림받게 될 것이다. 우리는 1930년대 이후 한번도 경험해보지 못했던 대규모의 노동 재배치labor displacement를 경험하게 될 것이다"라고 말했다.

잡지 『와이어드Wired』의 공동 설립자인 케빈 켈리는 최근 『피할 수 없

---

* 세계 최대 온라인 대중 공개 강좌 플랫폼.

는 미래의 정체The Inevitable』라는 책에서 앞으로 다가올 혁명에 대해 다음과 같이 저술했다. "인공지능만큼 저렴하면서도 강력하고 유비쿼터스한 변화를 가져올 그 무언가를 상상하기는 어렵다. (중략) 불확실한 그 무언가가 가져올 변화는 우리가 지난 산업혁명을 통해 경험한 변화보다 수백 배 더 큰 파급 효과가 있을 것이다."

앞서 언급한 것처럼, 영국은행의 수석 경제학자들은 향후 약 20년간 테크놀로지 발달로 인해 8,000여 만 명의 미국인 노동자가 실업자가 될 것으로 예측하고 있다. 또한 지난 2013년에 발표한 영국 옥스포드대학의 연구에 따르면 미국인 노동 인구의 약 47퍼센트가 무직이 될 것으로 예측했다. 컨설팅 회사 맥킨지는 2015년에 개발된 테크놀로지를 각 산업에 적용한다면 현재 미국에 있는 유급 일자리 중 45퍼센트는 자동화가 가능하며, CEO 업무 중 20퍼센트는 테크놀로지로 대체할 수 있다고 전망했다. 우리가 지금까지 안전하다고 생각하고 높은 숙련이 필요한 직업과 높은 수입이 보장되는 일자리도 더 이상 안전하지 않다.

결과적으로 모든 산업에서 가치 창출을 위해 현행 규모의 직원이 필요하지는 않다는 것이다. 두 번 생각해볼 것도 없이 테크놀로지는 기업의 운영방식은 물론 임직원 수, 특정업무의 자격요건, 필요능력 등에 큰 변화를 가져올 것이다. 수직적인 조직에서 발생하는 규칙적이고 인지기능적인 의례적 업무는 사라질 것이다. 미래기업의 조직은 스마트 로봇과 스마트머신 그리고 인간 직원과의 이상적인 조합이 될 것이다. 그러나 환경변화에 따라 각 조직원의 업무와 자격요건은 지속적으로 변할 것이다.

---

* 국내에는 『인에비터블 미래의 정체』라는 책으로 소개되었다.

미국 회계감사원의 2015년 4월 자료에 따르면, 과거 수년 동안 시간제, 임시 직원, 개인 도급업자 등을 포함한 '임시 고용 노동자' 의 비율은 전체 노동시장의 40퍼센트에 달한다고 한다. 또 다른 자료에 따르면 미국 노동 인구의 절반 이상이 컨설턴트나 프리랜서 또는 개인 도급업자로 개인의 능력을 상품화하고 있는 것으로 나타났다. 이처럼 우리 또는 우리 이전 세대가 생각하는 안정된 직장, 장기 고용 및 고용 보장 등은 진귀한 현상이 될 것이다.

창업자이자 『로봇의 부상Rise of the Robots』의 저자 마틴 포드Martin Ford는 "미래의 신흥산업은 노동력 중심의 산업이 아닌, 유튜브와 인스타그램처럼 소수의 인원으로 운영되면서 높은 기업 가치와 높은 수익을 창출하는 기업이 주도할 것" 이라고 주장했다. 또한 토니 와그너Tony Wagner는 "인텔 또는 IBM과 같이 과거시대에 설립된 기업들은 수천만 명의 임직원을 고용(대부분은 저숙련 노동자)하여 회사를 운영했다. 그러나 구글, 페이스북, 트위터 등과 같은 21세기 기업들은 과거의 기업에 비해 소수의 직원으로 운영되며, 이 기업 임직원 중 대다수는 현존하는 문제를 창의적으로 해결하는 개발자" 라고 마틴 포드와 비슷한 주장을 펼쳤다. 하버드대학 심리학 교수 하워드 가드너Howard Gardner는 "미래는 학습을 평생직업으로 생각해야 하며 지속적으로 학습을 하는 개인과 조직이 주역이 될 것" 이라고 전망했다.

이 책에서 말하는 스마트머신 시대는 테크놀로지가 기업의 운영 효율성을 주도하고, 인간은 혁신을 통한 가치 창출을 담당하는 시대를 의미한다. 기업의 성공을 위해서는 임직원들이 급변하는 산업환경을 신속하게 파악하고 이에 적응하며 대응해야 한다. 이러한 성공은 과거 산업혁명의 지휘통제 형식의 조직이나 최근 지식 위주의 규칙적인 업무를 요구하는 조직에서는 만들어질 수 없다. 따라서 미래의 조직은 효율성도 필요하지만 민첩성, 융통성, 민감성 등도 함께 겸비해야 성공할 수 있다. 새로운 시대에는 반복적인 학습이 요구된다. 또한 변형적 사회현상은 개인의 신념 및 이념과 끊임없이 마찰을 일으킬 것이다. 성공하기 위해서는 현실에 안주하지 않고 변화에 적응하려는 끊임없는 노력이 필요하다. 그러나 인간이 이런 사회에 적응하는 과정은 그다지 효율적이지 못할 뿐만 아니라 정서적으로 불안정의 요인이 될 수도 있다.

어떠한 일이 인간에게 남겨질 것인가?

인간은 더 이상 단순히 지식을 쌓고 분석하는 능력만으로는 가치를 창출할 수 없다. 신지식을 만드는 것 역시 기하급수적으로 어려워지고 있다. 설사 신지식을 만들었다 하더라도 지식의 수명은 최대 3년 정도에 불과하다. 우리가 알고 있다고 생각하는 것은 순식간에 시대에 뒤처지기 때문에 지속적으로 새로운 지식을 배우고 습득해야 한다. 게다가 인간이 구글의 알파고나 IBM의 제퍼디Jeopardy와 같은 스마트머신보다 많은 정보를 분석하고 기억하는 것은 불가능하다.

따라서 우리가 스마트머신 시대에서 경쟁력을 갖추고 시대에 뒤처지지 않으려면 테크놀로지를 보안할 수 있는 능력을 갖추거나 테크놀로지가 아직 할 수 없는 일에 뛰어나야 한다. 현 시점에서 테크놀로지가 할 수 없는 일은 비판적 사고, 혁신적 사고, 창의력 그리고 다른 사람과의 감성적인 관계를 맺는 것이다. 이런 일들이 포괄적으로 스마트머신 시대에 필요한 능력이라 할 수 있다. 여기에서 창의력이란 예술처럼 창의적인 생각이나 아이디어로 만들어진 독창적인 표현을 의미하며, 혁신은 산업화가 가능한 신규 아이디어, 운영방식 및 아이템 등을 의미한다.

일부 맞춤 작업이나 인간만이 할 수 있는 특수 작업과 같은 경우는 스마트머신 시대에서도 지속될 가능성이 있다. 이 책은 이러한 직업 중에서도 인지기술이 필요하고 지식노동으로 구분된 직무에 초점을 맞추고 있다. 직무나 직급과 상관없이 대부분의 근로자들은 과학자, 창업자, 예술가처럼 생각하고 행동해야 하며 더욱 사회적이고 다른 사람들과 감정적으로 교감해야 한다. 스마트머신 시대 필요 능력은 비즈니스 리더, 교육자, 경제학자들은 물론 MIT와 옥스퍼드대학, 맥킨지, 세계경제포럼, 전미교육협회 등 21세기의 우수한 전문 연구원들의 연구 자료를 종합하여 선택된 것이다.

그러나 이 책의 목적은 스마트머신 시대에 필요한 능력의 우위성이나 컴퓨터가 인간의 창의력에 버금가는 시기를 정당화하거나 논쟁을 하고자 하는 것이 아니다. 지금까지 수많은 책에서 인간의 경쟁력을 유지하기 위해 21세기에 필요한 주요 능력을 초·중·고 교육과정에 적용시키고 기술지식의 격차를 줄이기 위한 직업교육과 같은 프로그램의 필요성은 충분히 논의되었다. 따라서 이 책은 지금까지 논의된 능력을 효과적으로 학습하고 스마트머신 시대에서 성공하는 것에 초점을 두고 있다. 그러나 불행하게도 상당수의 사람들은 그동안 성장해온 환경과 인간의 본능적인 자질 때문에 앞으로 다가올 변화에 많은 어려움과 도전에 직면하게 될 것이다.

왜 스마트머신 시대에 필요한 능력을 갖추기 어려울까?

인간이 세상에 뒤처지지 않으려면 스마트머신 시대의 필요 능력을 숙달해야 한다. 그러나 해당 능력을 갖추는 것은 결코 쉽지 않다. 대부분의 비즈니스 리더와 매니저들은 비판적인 사고와 혁신적인 사고를 하는 방법에 대한 교육이나 훈련을 받은 적이 없다. 또한 창의적이고 다른 사람들과 감성적 관계를 유지하는 방법에 대해 교육이나 훈련 역시 받은 적이 없을 것이다. 그들이 훈련을 받지 못한 이유는 높은 사고능력과 감성적 기술을 중요하게 생각하지 않은 시대에 살고 있기 때문이다. 오늘날 대부분의 성인들은 생각하고 경청하고 학습하는 방법에 대해 전문적인 훈련을 받지 못했고, 다른 사람들과 감성적으로 교감하고 협력하는 방법과 감정을 조절하고 실수를 기회로 삼을 수 있는 방법 등을 교육받지 못했다. 미래에 반드시 필요한 교육이지만 훈련을 받지 못했던 이유는 우리 사회가 모든 것을 점수로 평가하고 어떤 경우에도 실패를 해서는 안 된다는 사회적 규범이 자리잡고 있기 때문이다. 성적 우선주의와 실패에 대한 두려움은 사고력, 창의력, 학습능력 등을 방해하는 주요 원인이다.

│ 우리의 인간적인 특성은 스마트머신 시대의 필요 능력은 인간
│ 축복임과 동시에 저주이다 이 가장 잘하고 좋은 성과를 낼 수 있는
행동으로 구성되어 있다. 인간은 최상의 환경에서 일을 할 때 가장 비판
적이고 혁신적인 사고가 가능하다. 또한 환경에 따라 창의적이고 다른 사
람들과 감성적이고 사회적으로 교감하며 협력할 수 있다. 바로 이런 점이
인간이 로봇이나 알고리즘보다 월등한 점이다. 좋은 소식은 최근 신경과
학, 인지학, 사회학, 교육심리학 분야에서 높은 사고력을 포함한 관계 형
성과 뛰어난 창의력을 가능하게 하는 환경, 사고방식, 행동 등이 연구되
기 시작했다는 것이다. 그러나 나쁜 소식은 인간은 본능적인 요소와 성
장 환경의 영향으로 새로운 환경에 적응하는 것을 매우 어려워한다는 것
이다. 우리는 자존심과 실패로부터 자신을 보호할 수 있는 환경을 만들었
다. 이렇게 조성된 환경을 바꾸는 것은 쉽지 않다.

옥스퍼드 영어사전에는 비판적 사고를 "어떤 쟁점을 판단하기 위
해 하는 객관적인 분석과 평가"라고 정의되어 있다. 여기서 핵심단어는
'객관적'이다. 인지심리학자 대니얼 윌링엄Daniel Willingham은 '객관적'이
라는 단어가 비판적 사고의 핵심이라고 말한다. 그는 비판적 사고를 "어
떤 문제든지 문제의 양면을 볼 수 있고 개인의 생각과 아이디어를 뒤집
는 증거를 받아들이는 것이며, 감정에 좌우되지 않는 추리능력과 어떤
주장도 확실한 증거를 통해 결론을 추리하여 문제를 해결하는 것"이라
고 정의한다.

비판적 사고는 우리가 흔히 하는 생각과 전혀 다르다. 우리는 '객관적'으로 생각하고 판단하는 것 자체가 힘들다. 그러나 많은 사람들은 자기 자신이 비판적인 사고를 한다고 생각한다. 하지만 현실은 본인이 생각하는 것만큼 비판적 사고에 능하지 못한다. 또한 요구되는 기준에 미치지 못할 때가 많다. 만약 그대로 둔다면 앞으로 우리에게 요구되는 수준의 비판적 사고를 하지 못할 가능성이 매우 높다. 과학은 인간의 생물학적이고 진화론적인 요소 때문에 현대사회에 사는 우리가 최선을 다해 생각하고 행동하는 것 자체가 매우 힘든 일이라는 것을 알려준다. 그 이유는 인간은 자기 보호를 위해 확증편향적이고 감성적으로 방어적인 사고를 하는 성향이 강하기 때문이다.

심리학자 대니얼 카너먼Daniel Kahneman은 그의 저서 『생각에 관한 생각 Thinking, Fast and Slow』에서 인간은 두 개의 생각하는 시스템을 갖도록 진화되었다고 설명한다. 첫 번째 시스템System 1은 자동적이고 잠재적인 경험에 의해 형성되는 내적 가치, 아이디어, 통찰력 등이다. 단순하게 말하면 개인의 직감이다. 심리학자들은 이런 가치, 아이디어, 통찰력 등을 인간의 정신적 모델Mental Model이라고 한다. 정신적 모델은 우리가 무의식적으로 빠른 의사결정을 하는 데 도움을 준다. 두 번째 시스템System 2는 느리고 신중함과 노력이 필요한 추론 과정이다. 이는 비판적인 사고의 한 종류로 볼 수 있지만, 스마트머신 시대에 필요한 비판적 사고에는 미치지 못한다. 자세한 내용은 앞으로 설명하기로 한다.

반사적 반응과 행동

첫 번째 시스템은 진화생물학에서 처음으로 거론되었다. 첫 번째 시스템은 동물적인 감각을 활용하여 위험을 느꼈을 때 우리가 행동하는 본능적인 반응을 의미한다. 인간은 생존을 위해 동물적인 본능에 의한 단기적 판단을 하고 행동한다. 하지만 이런 동물적인 방법은 틀린 해법인 경우가 많다. 또한 빠른 판단을 해야 하기 때문에 우리의 생각과 판단력을 흐리게 한다. 그러나 실제로 생사를 가르는 상황이라면(예를 들어 야생동물이 생명을 위협하는 상황) 목숨을 걸고 합리적으로 생각하는 것보단 본능에 따르는 것이 생존율을 높일 것이다. 그러나 현대사회에서 이런 본능적인 생각과 판단은 잘못된 결과를 초래하는 경우가 많다.

사람은 자신의 "지식 수준에 대한 지나친 자신감을 가지고 있고 자신의 무지를 외면하기 때문"에 우리의 사고능력은 제한적이라고 심리학자 카너먼은 지적했다. 그는 또한 "우리는 명백한 사실조차 정확히 보지 못할 때가 많으며, 보지 못한다는 것조차 모를 때가 있다"고 설명했다. 그는 "우리의 기억력은 쉽게 상기되는 것에 많은 영향을 받는데, 예를 들어 좋아하거나 싫어하는 기억과 지나친 자신감의 원인이 되는 내재적인 편안함 등이 대표적인 예이다"라고 주장했다.

주목해야 할 또 다른 점은 두 가지 시스템의 장점과 단점을 고려하여 의도적으로 두 번째 시스템을 사용하더라도 우리의 생각은 "선입견이 존재하며 왜곡되고 완벽하지 않고 부분적인 정보로 편견을 가질 수밖에 없다"라는 비판적 사고협회Critical Thinking Community의 주장이다. 우리가 의식적으로 신중한 사고를 하더라도 암묵적 편향뿐만 아니라 개인이 가지고 있는 믿음과 전제조건, 과거의 다양한 경험, 틀을 깨고 생각했던 경험에서 오는 잠재적 인식에 큰 영향을 받는다. 따라서 우리의 생각과 행동은 어느 정도 왜곡될 수밖에 없다는 것이다.

또 다른 문제점은 우리는 우리의 생각이나 사고가 잘못되었다고 인정하는 것 자체가 어렵다는 것이다. 카너먼은 "게으름은 인간의 본능 깊숙이 자리잡고 있다. 다른 사람의 잘못을 찾고 확인하는 것이 자신의 잘못을 찾는 것보다 쉽고 재미있다"고 인간의 본능을 설명한다. 노벨상 수상자인 허버트 사이먼Herbert Simon은 "사람들은 자신의 의견에 동의하는 사람들을 똑똑하다고 생각하는 경향이 있다"고 말한 것처럼, 인간은 본능적으로 자신의 생각이나 믿음에 잘못된 부분을 지적받거나 편견을 지적하는 상대방을 무시한다. 따라서 기계가 할 수 없는 효과적인 사고력을 갖기 위해서는 사람이 아닌, 데이터의 잘못을 지적하고 다양한 관점을 볼 수 있도록 타인의 도움이 필요하다는 점을 받아들여야 한다. 스마트머신 시대에서 관계 형성과 관계 유지능력이 더욱 부각되는 이유는 타인의 도움 없이 필요한 능력을 학습할 수 없기 때문이다.

인간의 불합리함

인간의 사고능력에 대한 또 다른 중요한 포인트는 인간의 감정적 프로세스와 사고력은 분리될 수 없기 때문에 합리성은 신화에 불과하다는 것이다. 지난 20년간 심리학자와 신경과학자들의 연구를 통해 인간의 인지적 프로세스와 감정적 프로세스는 밀접한 관계가 있다는 것이 확인되었다. 즉 인간의 학습능력, 집중력, 암기력, 의사결정 능력 등은 감정에 많은 영향을 받을 뿐만 아니라 감정적 프로세스에 포함되어 있는 것이다. 이런 사실은 서구의 전통적인 학습관에 뿌리박혀 있는 데카르트적 합리주의Descartian Belief와 상반되는 것이다.

감정을 무시하는 것은 과도한 감정에 치우쳐 자신을 쇠약하게 만드는 것과 같은 효과가 있다. 감정은 인지적 프로세스, 학습능력, 사회적 소통능력 등을 조정하여 쇠약하게 만들 수 있다. 이것이 인간에게 결함이 있음을 의미하는 것은 아니다. 이는 인간의 본능이다. 많은 연구를 통해 긍정적인 감정은 높은 집중력과 풍부하면서 탄력적인 사고능력을 가능하게 한다는 것이 확인되었다. 반면 스트레스, 분노, 불안감과 같은 부정적인 감정은 의사결정과 문제 해결을 방해하는 요인으로 작용한다.

이러한 현실(즉 두 개의 사고력 시스템, 편견적 잠재의식, 인식과 감정 프로세스의 상호관계 등)에서 최고 수준의 비판적 사고를 하기 위해서는 우리의 한계를 인정해야 한다. 또한 최고 수준의 사고능력, 감정 프로세스, 행동 등에 영향을 주는 핵심요인을 파악하고 이해하여 각 요인을 관리할 수 있어야 한다. 핵심요인을 파악하고 관리하기 위해서는 열린 마음을 갖고 다른 사람의 관점에서 경청할 수 있는 능력도 필요하다.

혁신적인 사고력과 관련해서도 비판적 사고와 같이 핵심요소를 파악하고 관리해야 한다. 다양한 사람들이 함께 일하고 혁신적인 상상력과 실험적 프로세스를 활용할 때 혁신은 현실화된다. 다양성은 다른 시각을 가능하게 하며, 이를 통해 당신이 볼 수 없는 관점을 볼 수 있게 한다. 따라서 스마트머신이 할 수 없는 일을 잘하기 위해서는 다른 사람과의 협력이 필요하다는 것을 인식해야 한다. 협업을 위해서는 상대방이 함께 일하고 협력하고 싶은 사람이 되어야 한다. 협력하는 사람이 되기 위한 3가지 조건은 경청, 신뢰, 사회적인 배려심이다. 스마트머신 시대에서는 프리랜서, 창업자, 임직원, 매니저, 리더 등 직업이나 직급에 상관없이 타인과 관계를 맺고 협업(함께 의미를 만드는 것)해야 한다. 그러나 비판적 사고와 혁신이 가능한 협업은 우리가 익숙한 일상적인 업무방식과 회의문화로는 불가능하다.

인간의 동물적 본능: 싸우기, 도망치기 및 회피하기

우리가 스마트머신 시대에 필요한 기술을 습득하는 데 진화론적으로 걸림돌이 되는 또 다른 이유는 우리가 선사시대 인간의 모습을 아직도 간직하고 있기 때문이다. 선사시대의 인간이 그랬듯이 오늘날 우리는 스트레스와 불안감에 대해 동물적 반응을 보인다. 이런 동물적 반응은 실패를 회피하고 학습능력, 창의력, 혁신 등을 억제한다. 변하는 사회에 적응하지 못하고 스트레스가 생존에 위협적이라고 인지하는 순간 선사시대적 동물적인 감각이 우리의 사고력을 지배한다. 생존에 위협을 느끼는 상황에서 우리의 두뇌는 동물적으로 오래된 감정적 센터를 작동시켜 추리를 관리한다. 또한 감정적 센터는 나중에 진화된 전액골피질을 우회하여 호르몬의 분비와 생리적 반응을 보내 싸우거나 도망가거나 회피하는 반응을 즉각적으로 보인다. 선사시대에 야생동물이 돌아다니는 상황에서 이런 반응을 보이는 것은 당연하지만 글로벌 경쟁에서 살아남기 위해 전문성, 창의력, 비판적인 사고력 등이 요구되는 상황에서는 적합하지 않은 반응이다. 이러한 시대에서 살아남기 위해 필연적인 위험과 실패가 연루된 상황에서 싸우고 도망가거나 회피하는 등의 동물적 반응을 보일 수는 없다.

학습, 기술의 발달, 혁신, 창의력 등이 실수와 실패에서 시작된다는 것은 이 책에 최초로 기록된 것은 아니다. 토머스 에디슨이 수천 번의 실패를 통해 백열 전구를 개발한 것에서부터 마이클 조던이 실패한 9,000번의 슛 등이 실수와 실패를 통한 혁신의 좋은 예이다. 이 외에도 수없이 많은 역사적 사실이 존재한다. 철학자 대니얼 데닛^{Daniel Dannett}은 그의 책 『직관

펌프 생각을 열다『Intuition Pumps and Other Tools for Thinking』에서 실수에 대한 중요성을 "실수는 단순히 학습의 기회일 뿐만 아니라, 진정한 의미로 새로운 것을 배우거나 만들 수 있는 유일한 기회다"라고 설명한다.

우리는 시도할 수 있는 용기도 있고 실패를 통해 경험과 학습하는 것도 논리적으로 이해할 수 있다. 그러나 우리는 나약한 인간이다. 우리는 스마트머신(또는 마이클 조던)이 아니기 때문에 자신의 이익을 위한 것에도 논리적으로 생각하고 행동하는 경우는 매우 드물다. 설사 논리적으로 행동한다고 할지라도 실제로는 아닐 때가 더 많다. 우리의 무의식적인 감정과 행동은 창의적이고 혁신적인 과정에서 발생하는 실패조차 용납하지 못한다. 실패만 문제가 되는 것은 아니다. 많은 사람들은 실험을 하기 위한 단순한 불확실성조차 좋아하지 않는다. 한 연구에 따르면 우리는 일반적으로 불확실성이 조금이라도 있는 상황보다 확실한 것을 선호한다. 예를 들어 많은 사람들은 나중에 전기충격을 받을 수도 있다는 불안감을 가지고 있는 것보다는 지금 당장 전기충격을 받고 미래의 불안감을 없애는 것을 선호한다. 우리는 예상치 못한 충격을 접했을 때에 예상하는 충격보다 신경 활성화가 더욱 활발하게 작동한다. 불확실성에 대한 우리의 두려움은 앞으로 더 큰 문제가 될 것이다. 왜냐하면 스마트머신 시대에서 테크놀로지의 진전은 불확실성을 증가시키고 직장과 일상생활에서 뒤처지지 않기 위해 불확실성에 적응하고 실험해야 하기 때문이다.

우리의 초점은 내면 (나자신)에 맞춰져 있다 스마트머신 시대에서 인간의 고유능력을 실행하는 데 있어 문제는 인간은 외부 세계를 인식할 경우 내면에 초점을 맞추고 자기보호적 자세로 임한다는 것이다. 이런 자세는 인간의 본능적 영향도 있지만, 성장환경에 더 많은 영향을 받는다. 일반적으로 인간은 인지적으로 맹인과 같다. 확인을 추구하고 정서적으로 방어적이며 재귀적인 사상가이다. 우리는 새로운 정보를 공개하여 정보의 진정성과 의견의 차이를 확인한다. 또한 자신이 어떤 사람이며 실수나 실패로부터 배우기 위해 실험하기보다는 도전을 회피하는 방어적이고 폐쇄적인 시스템을 추구하는 성향을 갖고 있다.

시대에 뒤처지지 않고 4개의 스마트머신 시대 능력을 능숙하게 활용하기 위해서는 사고력, 경청능력, 타인과의 관계와 협력 등을 최적화하는 개방적 시스템이 필요하다. 이는 우리의 쾌적하고 안정적인 영역을 벗어나 바깥 세상과 다른 사람에게 더욱 개방되어야 한다는 것을 의미한다. 우리는 개인의 능력만으로는 스마트머신 시대 능력을 갖추기 어렵기 때문에 초점을 자신의 내면에서 외부, 타인, 환경 등으로 이동시켜야 한다. 우리는 다른 사람의 도움이 필요하다. 그러나 도움을 받기 위해서는 그들과 정서적인 관계를 맺어야 한다.

동기부여의 기본은 다른 사람과 관계를 맺고 연결고리를 형성해야 한다는 것이다. 다른 사람과의 관계 필요성은 모든 문화, 인종, 성별에 걸쳐 선천적인 것이다. 많은 연구에 따르면 정서적으로 관계를 형성하고 상대방과 연결하는 것은 단지 사랑과 우정을 찾고 개인생활에서 행복을 느끼기 위한 것만은 아니다. 이는 우리의 생존과 학습 그리고 성공에 필수적인 요건으로 내장되어 있다.

학생의 경우 교사와 감성적으로 교감하는 학생이 그렇지 않은 학생보다 학업성적이 더욱 우수한 것으로 나타났다. 직장의 경우 동료나 상사와 감성적으로 교감이 있는 직원의 생산성이 그렇지 않은 직원보다 더 높으며, 직장 내 감성적인 교감은 고객 서비스를 향상시키는 주요 요소로 나타났다. 우리는 이런 사실을 데이터나 과학적인 증거가 없어도 직관적으로 알 수 있다. 그러나 자기 집착적인 성향과 개인주의적이고 경쟁중심의 사회와 문화는 정서적으로 의미 있는 관계를 형성하고 구축하는 데 방해요소가 된다. 우리는 이런 사실을 인정하거나 이해하려고 노력하지 않는다. 이런 우리의 행동이 더욱 큰 문제다. 현실과 자신의 문제점을 인정하고 변화하기 위한 노력이 필요하다.

개인주의적 경쟁은 스마트머신 시대에 큰 문제가 된다. 높은 수준의 사고력을 위해서는 편견을 버려야 하고, 편견을 버리기 위해서는 타인과의 관계가 필요하지만 현실은 그렇지 못하다. 또한 독창성과 혁신을 위해서는 팀워크, 협업, 참여 등이 중요하지만, 개인주의와 경쟁은 방해요인이 된다. 높은 수준의 사고력과 협업능력이 필요한 이유는 사람과 사람 사이에 만들어지는 정서적이고 사회적인 관계가 만들어내는 가치를 똑똑한 기계, 로봇, 인공지능 등과 같은 스마트머신이 대체할 수는 없기 때문이다. 『인간은 과소평가 되었다Humans Are Underrated』의 저자 제프 콜빈Geoff Colvin은 인간의 깊은 상호작용이 필요한 직무만이 대중에게 남겨진 유일한 직업이 될 것이라고 시사했다. 따라서 정서적인 기술과 사회적인 기술을 연마하고 활용할 수 있다는 것은 우리의 장점 중 하나다. 최종적으로 스마트머신 시대에서 우리 중 극소수만이 혼자서 성공할 수 있다. 극소수에 포함되지 않은 평범한 우리는 서로의 도움이 필요하다. 즉, 새로운 시대에서 살아남기 위해 우리는 다른 사람들이 돕고 싶은 사람이 되어야 한다는 것이다. 그런 사람은 단순히 '착한' 사람보다 훨씬 더 많은 것이 요구된다. 타인의 도움을 받기 위해서는 신뢰는 물론 상대방에게 도움을 줄 수 있는 능력도 있어야 한다.

> **우리가 생각하는
> '스마트' 는 무용지물**

스마트머신 시대에 필요한 역량을 개발하는 데 있어 또 다른 문제는 오늘날 '스마트' 의 정의가 여전히 수량을 기반으로 하고 있다는 것이다. 우리는 다른 사람보다 더 많은 지식을 가지고 있어야 더 '스마트' 하다고 생각한다. 더 많은 지식을 가지고 있는지 판단하기 위해 시험이 주로 활용된다. 시험에서 가장 적은 실수를 한 사람이 가장 많은 지식을 보유하고 있으며 따라서 스마트한 사람이 된다. 스마트에 대한 이런 정의는 산업혁명의 유물이다. 그 시대의 근로자들은 반복적이면서 수동적이고 인지능력이 필요한 작업을 했다. 그들은 업무에 대한 교육을 받고 실수 없이 업무를 수행해야 했다. 실수가 있으면 불량이 발생하고 생산성이 떨어지기 때문이다. 이후 지식 기반의 성적중시 경제meritocratic economy로 이동하면서 더 많은 지식을 가지고 더 많이 말하는 사람이 듣고 질문하는 사람들보다 더 많은 보상을 받게 되었다. 이런 사회적 현상은 '스마트' 에 대한 수량 중심의 정의를 만들었다.

대학 졸업자 및 지식근로자의 대부분은 '스마트' 에 대한 수량적 정의와 이런 평가 방법에 익숙할 것이다. 우리는 더 많이 알고 있기 때문에 성공했으며, 받은 성적과 외적인 보상으로 스마트한 정도를 측정한다. 높은 점수를 받는 방법은 같은 정보를 다른 사람보다 빨리 습득하고 정확도를 높이거나, 더 많은 정보를 습득하고 실수를 최소화하여 높은 효율을 얻는 것이다. 성장 과정에서 우리의 부모님과 선생님들은 이와 같은 사회적 기준과 방식을 우리에게 심어 주었다. 직장에서는 우리의 관리자와 고용주가 이를 강화했다. 어린 시절부터 우리는 더 많이 알고 더 적은 실수를 하는 것이 중요하다고 배웠다. 더 많은 지식을 갖고 스마트하다는 평가를 받은 사람이 좋은 직장을 얻고 성공할 것이라고 믿었다.

수량을 기반으로 하는 '스마트'의 정의에서 오는 문제점은 자신의 스마트함을 끊임없이 증명해야 한다는 것이다. 이는 실수와 실험을 회피하도록 부추기고 학습, 개선, 발견, 혁신, 창의력 등을 방해한다. 혁신, 창의력, 기업가정신 등은 예상치 못한 결과, 즉 뜻밖의 상황에서 일어나거나 수없이 많은 시행착오를 통한 반복학습에 의해 만들어지는 결과이기 때문에 구시대적 스마트함은 엄청난 장애물이 된다.

수량을 기반으로 하는 '스마트'의 정의는 자아보호와 개인주의적 문화를 강화하여 타인에 비해 스마트함을 입증하거나 타인과의 대화와 거래에서 '승리'하는 것을 궁극적인 목표로 삼게 된다. 이와 같은 개인주의는 자아를 방어하고 두려움을 유발하는 학습과 비판적인 사고, 창의력, 혁신, 다른 사람들과의 감성적 관계 등을 회피하게 만든다. 요약하자면 스마트머신 시대에서 수량을 기반으로 한 스마트에 대한 개념은 '구 스마트머신 시대'라고 정의하고 '구 스마트머신 시대'는 스마트머신 시대의 새로운 '어리석음'의 기준이 된다고 할 수 있다. 어리석음의 기준이 되는 이유는 구 스마트머신 시대를 기준으로 스마트머신과 경쟁할 수는 없기 때문이다. 이는 지식인들에게 강력한 경고가 될 것이다.

새로운 마음가짐과 행동이 필요하다

스마트머신 시대에 필요한 역량을 겸비한 현재와 미래의 근로자를 육성하는 것은 단순한 제도적 훈련이나 도전을 뛰어넘는 문제이다. 그것은 인간의 본능, 사회와 조직문화, 일상생활 등 인간의 핵심을 바꾸는 일이다. 이는 우리가 스마트머신 시대에 필요한 능력의 근본이 되는 사고와 감성적 참여에 탁월한 능력을 발휘하기 위해서는 자아통제quieting ego, 자기관리managing self(개인의 생각과 감정 관리), 숙고적인 경청reflective listening, 타자성otherness(타인과의 정서적 교감) 등 4개의 핵심 행동이 필요한 이유다.

2장에서 보다 자세히 설명하겠지만, 우리가 말하는 4개의 스마트머신 시대 능력은 수백 개의 학술논문과 45권의 서적을 조사한 결과를 기초로 가장 기본적이고 공통적인 행동 4개를 선별하여 스마트머신 시대 능력을 위한 기본행동으로 결정했다. 불행히도 우리 중 대부분의 사람들은 이 행동에 정기적으로 노출된 경험이 없을 것이다. 사실 이런 행동들은 여러 면에서 사회적 이념과 어긋난다. 스마트머신 시대에서 성공한 리더가 되려면 행동을 개선하기 위해 열심히 노력해야 하는데, 새로운 행동이 자신의 정신적 모델과 부합된다면 개선은 용이해질 것이다.

정신적 모델은 우리의 생각과 행동을 지도하고 특정 행동을 가능하게 한다. 이는 우리가 변화하는 환경을 단순화하고 효율적으로 운영하는 데 도움이 될 것이다. 그러나 정신적 모델을 잘못 사용할 경우 자기 자신을 콘크리트 벙커와 같이 안전하지만 세상으로부터 단절시켜 자신의 세계관에 도전하는 아이디어와 데이터 또는 다른 시각을 보지 못하게 될 수도 있다.

우리의 정신적 모델 중 대부분은 18세기 산업혁명에서 비롯된 아이디어와 인식에 갇혀 있다. 그러나 스마트머신 시대는 새로운 아이디어와 규칙, 즉 새로운 정신적 모델을 요구한다.

우리의 정신적 모델은 수량적 정의의 스마트에 상당한 영향을 받아 철저히 자기흡수적이고 개인주의적이며 승자가 모든 것을 차지하는 방식의 삶에 기초하고 있다. 또한 스마트머신 시대 능력 습득에 필요한 외향적인 행동을 억제한다. 궁극적으로 스마트머신 시대에서 성공하기 위해 필요한 행동을 습득하여 스마트머신 시대 능력을 개발하려면 가장 먼저 성공에 필요한 정신적 모델과 정신적 모델을 지배하는 스마트에 대한 의미를 바꿔야 한다.

생각할 문제

이 책을 읽는 과정에서 잠시 책 읽는 것을 멈추고 그동안 읽은 내용을 생각하고 "의미를 부여"하는 시간을 가졌으면 한다. 독자에게 부탁하고 싶은 몇 가지가 있다. 책에서 말하는 아이디어를 받아들여보고, 받아들였을 때의 느낌도 미리 생각해보고, 특정 아이디어가 삶에 미치게 될 영향에 대해서도 깊이 생각해 보기를 바란다. 여러분의 생각과 답을 기록하여 인간의 우수성을 위한 긴 여정을 진행하는 중에도 뒤돌아보기를 함께 하면 좋을 것이다. 아래의 질문을 읽고 생각해보기 바란다.

1. 내 직업에 대해 생각해보자.
   - 업무 중 매일 똑같이 반복되는 일이 얼마나 되는가?
   - 업무를 작은 반복작업으로 나눌 수 있는가?
   - 업무를 반복작업으로 나눌 수 있다는 것은 어떤 의미인가?
2. 업무 중 얼마나 많은 부분에서 엄격하고 신중한 비판적인 사고나 혁신적인 사고가 필요한가?
3. 업무 중 다른 사람들과의 높은 수준의 감성적 관계가 요구되는가?
4. 우리의 사고가 인식과 감정에 따라 본능적으로 작용한다는 사실에 동의하는가? 만약 인정하지 않는다면 그 이유는 무엇인가? 이런 생각의 근거는 무엇인가? 어떤 데이터와 정보에 의존하는가?
5. 당신은 '스마트'를 어떻게 정의하고 있는가?

Chapter 2

뉴 스마트

'스마트'의 새로운 정의

스마트머신 시대에 대응하기 위한 정신적 모델의 변경은 컴퓨터 운영
체제를 업데이트하는 것과 유사하다. 우리의 정신적 모델은 그동안 높은
수준의 사고력이나 타인과의 관계를 고려하지 않은 산업혁명시대의 성공
조건과 스마트에 대한 정의가 기준이었다. 앞으로 우리가 살게 될 새로운
시대에는 테크놀로지가 우리보다 스마트할 것이다. 따라서 직업의 존재
여부는 물론, 일하는 방법과 해야 할 업무까지 테크놀로지가 송두리째 바
꿔 놓을 것이다. 역동적인 세계경제에서 급속도로 발전하는 테크놀로지
로 일자리 수가 급격하게 줄어들어 경쟁이 치열해지는 상황에서 우리의
구시대적인 정신적 모델은 적응능력과 학습능력을 저해할 것이다.

정신적 모델이 개인에게 미치는 영향력을 잘 보여주는 개인적인 이야
기를 소개하고자 한다. 책 출간을 기념하는 기조연설을 하기 위해 아내와
함께 런던을 방문했을 때의 일이다. 우리는 방문 일정 중 자연사박물관을
관람했다. 관람하면서 박물관 안에 있는 식당에서 점심을 해결하기로 했
다. 아내는 감자튀김을 포함한 음식을 주문했고 우리는 차를 마시면서 음

식을 기다렸다. 식당 웨이터가 제일 먼저 감자튀김용 케첩을 아주 작은 접시에 반쯤 채워 가져왔다. 나는 그 작은 접시에 반밖에 없는 케첩을 보고 경악했다. 작은 접시에 케첩을 반만 채워준 웨이터가 정말 너무하다고 생각했다. 발끈하여 항의를 할까도 생각했지만, 아내가 케첩이 더 필요하다고 하면 그때 말하려고 꾹 참았다. 그리고 주문한 음식이 모두 나오고 아내는 내게 감자튀김을 먹어볼 것인지 물어봤다. 내가 먹겠다고 한 순간, 아내는 "케첩을 찍어 줄까요, 아니면 마요네즈랑 먹을래요?"라고 물었다.

아내의 말을 듣고 접시를 다시 확인했을 때, 접시에는 케첩과 마요네즈가 반반씩 가득 채워져 있었다. 나는 마요네즈를 보지 못했다. 내 정신적 모델은 감자튀김을 마요네즈가 아닌 케첩하고만 먹는 것으로 인식하고 있었다. 따라서 내 뇌는 접시에 있는 마요네즈를 보지 못하고 당연히 케첩만 있을 것이라고 짐작한 것이다. 나는 인지적으로 장님이었다. 머릿속으로 상황을 예단했기 때문에 현실을 보지 못했다. 나는 이런 내 자신을 받아들일 수 없었다. 케첩이 반만 있다는 감정적인 분노에 휩싸여 접시를 쳐다봤으며, 내 눈앞에 있는 마요네즈를 보지 못한 것이었다.

우리의 정신적 모델은 우리가 세상을 인식하고 받아들이는 방법에 영향을 미친다. 어떤 경우에는 정보를 왜곡하거나 정보를 잘못 전달하는 경우도 있다. 우리의 모델은 다른 사람들의 모델과 크게 다를 수 있기 때문에 현실에 대한 의견 차이가 있을 수 있다. 성인학습 전문가인 잭 메지로Jack Mezirow는 "우리는 우리의 선입견에 반대되는 아이디어나 정보를 거부하는 경향이 강하다"고 설명하면서, "우리는 우리의 정신적 모델에 따라 해석, 신념, 생각의 습관 등이 변형될 수 있다"고 주장했다.

따라서 스마트머신 시대를 대비하기 위해서는 기존의 구시대적인 정신적 모델을 업그레이드해야 한다. 새로운 모델로 업그레이드하기 위해서는 가장 먼저 뉴 스마트를 기반으로 하는 스마트의 정의(즉 생각, 학습, 타인과의 감성적 관계 등을 최고 수준으로 해야 한다는 것)를 받아들여야 한다. 뉴 스마트는 당신이 알고 있는 지식을 확인하거나 얼마나 많이 알고 있는지를 측정하는 것이 아니다.

뉴 스마트의 의미는 다음과 같다.

- 사고력, 청취력, 협업능력, 학습능력 등.
- 당신이 알지 '못하는' 것을 인정하고, 당신의 신념(가치관이 아님)을 자존심으로부터 분리하는 능력.
- 자신의 신념을 지속적으로 실험하고 시험하는 능력.
- 새로운 아이디어를 테스트하고 실험을 통해 목표를 달성하고 학습하는 능력.

뉴 스마트의 시작

초기에 이 책의 주제와 관련하여 많은 기업의 임원진 및 지도자들과 논의했다. 논의한 결과 그들 중 상당수는 1장에서 언급한 과학(즉 우리 대부분은 차선을 생각하는 사상가이며, 우리의 자존심과 두려움이 학습을 방해한다는 것)을 받아들이지 못했다. 나는 종종 '익명의 학습자'라는 용어를 사용하여 임원진과 지도자들에게 "나는 차선을 생각하고, 경청하고, 관계를 맺고 협업을 하는 사람입니다"라고 큰 소리로 외칠 것을 건의했다. 그들 중 소수만이 할 수 있었고. 참여자 중 상당수는 이미 자신을 매우 '스마트'하고 성공한 사람으로 생각하고 있었다. 한 임원은 "내 마음에는 아무런 문제가 없다. 이 마음으로 여기까지 올 수 있었다고 생각한다!"라고 말하기도 했다.

과학을 받아들이지 못하고 익명의 학습자에 대해 회의적인 반응을 보였던 리더들도 테크놀로지가 가져올 변화를 부정하는 사람은 없었다. 많은 리더들은 스마트머신이 인간보다 일을 잘하고 방대한 양의 데이터를 인간보다 더 빠르고 정확하게 처리하여 기업에 많은 변화를 가져올 것이라는 현실은 인정했다. 또한 인간은 더 높은 수준의 사고력을 수행해야 하며, 감성적으로 다른 사람과 관계를 맺고 급속도로 변하는 불확실한 사회에서 지속적으로 실험하고 학습하여 환경에 적응해야 한다는 전문가의 의견에도 동의했다. 다시 말해 그들은 인간이 지금까지 배우고 알고 있는 전통적인 방법으로는 '스마트머신'과 경쟁할 수 없다는 점을 인정한 것이다.

뉴 스마트를 받아들이는 것은 자기 자신을 위한 것이다. 또한 우리는 학습의 과학을 이해하고 끊임없이 진보하는 테크놀로지가 우리의 커리어에 미칠 영향력을 이해해야 한다. 우리가 스마트의 새로운 정의를 받아들여야 하는 이유는 그동안 많은 시간과 노력을 올드 스마트Old Smart에 투자했지만 올드 스마트가 우리를 방해한다는 것을 이해하게 되었기 때문이다.

그렇다면 뉴 스마트를 기반으로 하는 높은 수준의 사고력, 학습능력, 정서적 참여 등은 구체적으로 무엇을 의미하는 것일까? 우리는 다음의 5가지를 뉴 스마트의 특징으로 분석했다.

1. 나는 내가 무엇을 얼마나 많이 알고 있는지가 아니라 나의 사고력, 청취력, 관계와 협력 등과 관련된 능력으로 정의된다.
2. 내 정신적 모델은 현실이 아니며, 세계가 어떻게 돌아가는지에 대한 나의 생각일 뿐이다.
3. 나는 내 생각이 아니며, 자아와 신념(가치관이 아님)을 분리한다.
4. 나는 항상 열린 마음을 유지해야 하며, 내 믿음을 끊임없이 테스트되는 하나의 가정으로 대해야 하며, 더 나은 생각에 의해 수정된다.
5. 실수와 실패는 곧 배움의 기회다.

우리는 그리스 철학, 과학적인 방법, 심리과학(인지, 사회, 발달, 실험, 교육, 임상, 긍정 등), 행동경제학, 비판적 사고와 혁신적인 사고 분야 전문가들과 픽사 애니메이션 스튜디오, 브리지워터 등과 같은 세계적인 기업의 리더들에 대한 분석을 통해 뉴 스마트의 주요 특징을 도출했다. 5개의 주요 특징을 순서대로 살펴보자.

1. 나는 내가 무엇을 얼마나 많이 알고 있는지가 아니라 나의 사고력, 청취력, 관계와 협력 등과 관련된 능력으로 정의된다.

이 아이디어는 리처드 폴과 린다 엘더의 책 『비판적 사고^{Critical Thinking}』

에서 말한 비판적 사고방식에 기반을 두고 있다. 그들은 "나는 어떤 신념과도 동일시하지 않는다. 오직 신념을 갖게 된 방법과 동일시한다"라고 말했다.

이 문장을 읽고 깜짝 놀랐다. 왜냐하면 나는 자존심을 지키기 위해 초등학교 때부터 다른 사람들보다 더 많은 지식을 쌓는 것에 막대한 시간과 노력을 투자했기 때문이다. 내 자신을 매우 '스마트'한 사람으로 정의했었으며, 적어도 내 관점에서는 남들보다 더 스마트하다고 생각했고 그런 내 자신에게 자부심을 느꼈다. 나는 교실에서 가장 스마트한 학생이 되기 위해 노력했다. 선생님의 질문에 다른 친구들이 생각하기 전에 먼저 대답을 했다. 초등학교 2학년부터 맨 앞줄에 앉아 두 손을 흔들고 선생님의 질문에 답을 하던 아이가 바로 나였다.

나의 성공에 대한 정의는 어린 시절 내가 살던 환경의 영향을 받아 형성되었다. 나는 조지아주의 한 시골 마을에서 자랐다. 조지아주는 모든 소년들을 강인한 남자가 되도록 교육하는 교육환경을 갖추고 있다. 조지아의 모든 소년들은 미식축구를 통해 강인함을 증명했다. 그러나 나는 너무 느리고 허약해서 어린이 미식축구 리그 선발에 탈락한 유일한 소년이었다. 진짜 농담이 아니고 탈락한 유일한 남자아이였다. 이런 현실은 어린 내게 큰 상처였고 나를 이방인처럼 느끼게 만들었다. 운동 실력으로 부모님을 자랑스럽게 할 수 없었기 때문에 다른 방법을 찾아야 했다.

다행히 나는 뛰어난 암기력을 가지고 있었다. 많은 정보를 암기하고 수학문제를 정확하고 빠르게 암산할 수 있는 능력이 있었다. 나는 교실에서 '스마트'함을 증명하기 위해 경쟁을 하기 시작했다. 스마트함은 모든 수업에서 매일 선생님의 질문에 다른 학생보다 빨리 그것도 정확한 답을 말하는 것을 의미했다. 모든 시험은 경쟁의 대상이었다. 매주하는 받아쓰기와 성경암송대회에서 항상 1등을 해야 했고 암기시험에서도 경쟁을 했다. 7살 때 발견한 경쟁의 원칙은 어른이 되어 직장에서도 그대로 적용되었다.

결국 내 가치를 높이기 위해서는 너무 튀기보다는 적당히 앞서가는 것에 프리미엄이 있었다. 또한 기회를 놓치지 않고 누구보다 (상사는 제외하고) 먼저 대답을 하여 스마트함을 과시했다. 다른 말로 하면 내 자존심인 '올드 스마트'에 막대한 투자를 하고 있었다. 나는 내 가치를 대답하는 능력과 연계했다. 내 정체성은 문제를 푸는 속도와 정확성에 의해 결정되었다. 나는 내가 하는 대답이었고, 나를 보호하기 위해 스마트함을 강력하게 방어하고 침범하는 모든 사람을 공격해야 했다. 결국 모든 것을 알고 있는 사람이 되어야 했다. 공격적인 사람이 되어도 사회적으로 아무런 문제가 없었다. 그 이유는 겉으로는 기분 좋고 온화한 사람처럼 행동하고 보여지기 위해 노력했기 때문이다. 그러나 폴과 엘더가 설명한 훌륭한 비평가가 하지 말아야 할 행동을 이제껏 하고 있었다.

폴과 엘더의 글을 읽는 순간 새롭게 태어난 기분이었다. 이 사실이 나를 오랜 악습으로부터 해방시켜주리라는 것을 깨달았다. 만약 자아와 신념을 분리할 수 있다면, 더 많은 것을 알고 다른 사람보다 스마트해야 한다는 걱정을 멈출 수 있다. 그렇게 된다면 더욱 개방적이고 감정적으로 방어적이지 않아도 된다는 것을 알게 된다. 이는 개인적으로 아주 큰 고민거리였다. 내가 가지고 있던 스마트함에 대한 의미를 폴과 엘더가 말한 첫 번째 문장, 즉 내 자신의 능력을 믿었던 올드 스마트에서 두 번째 문장에서 말하는 스마트함의 의미로 대체할 수 있었다. 이는 내 인생에서 가장 즐거운 학습 여정의 시작임을 알리는 계기가 되었다.

내 자신을 어떻게 정의할 것인가?

먼저 나처럼 당신이 말하는 대답이 곧 자기 자신이라고 상상해보자. 이 경우, 당신의 자아와 감정 유지를 위해 매번 정답을 말하고 스마트하게 보이는 것이 매우 중요할 것이다. 또한 항상 정답만을 말해야 했고 자기 자신은 옳고 다른 사람들은 틀려야 한다. 당신의 이런 정신적 모델은 고차원 사고에 필요한 열린 마음을 불가능하게 한다는 것을 깨달을 수 있는가? 또한 올드 스마트 방식의 협업은 옳은 것을 찾는 것보다 '누가' 틀렸는가를 확인하는 수단이다. 당신이 지식 습득에 시간과 에너지를 집중적으로 투자하고 '옳은' 것을 찾는 동안 다른 사람의 견해와 생각을 듣고 고려하는 능력은 급격히 제한된다. 그리고 누군가 당신의 생각에 질문이나 도전을 하면 당신은 방어적으로 변하여 진정한 협업이나 경청은 무척 어려워진다.

우리의 행동과 세계를 바라보는 시각은 우리가 내리는 정의에 의해 결정된다. 우리는 다른 사람에게 똑똑하게 보이기 위해 실수하지 않고 존경받기 위해 많은 에너지를 투자한다. 우리는 우리의 견해를 행동으로 보여 옳다는 것을 확인하기 위해 노력한다. 자신의 견해에 해가 되거나 견해를 약화시키는 행동은 되도록 피하려고 노력한다. 이러한 사고방식 때문에 우리는 폐쇄적인 시스템이 되며, 항상 내부적으로 자신을 보호하고 방어하는 것에 집중하게 된다.

이러한 자아집중적 행동은 폐쇄적이기 때문에 능률적인 사고나 관계적 학습으로 이어질 수 없다. 또한 자기 자신에 너무 몰두하여 자기방어적이게 되고 다른 사람들보다 특별하다고 생각하여 관계를 자기중심으로 구축하게 되면 스마트머신 시대에 필요한 타인과의 관계형성과 협업능력은 크게 제한된다.

생각할 문제

당신은 어떻게 생각하는가?
신중하게 생각해야 하는 상황임을 어떻게 인지하는가?
생각할 때 어떤 행동을 하는가?

신념은 어떻게 형성되는가?

지금까지 우리는 지식의 양을 가지고 스마트를 정의하고 올드 스마트 중심의 정신적 모델에 문제가 있다는 것을 논의했다. 그럼 앞으로 우리는 우리 자신을 무엇으로 정의(사고력, 청취력, 관계형성, 협업능력 등)해야 할지를 생각해보려고 한다. 폴과 엘더의 비판적 사고에 대한 두 번째 문장("나는 오직 나의 신념을 찾게 된 방법과 동일시한다")을 검토하면서 방법을 찾아보기로 한다.

잠시 시간을 가지고 생각해보자.

나는 내 신념이나 답을 어떻게 찾는가?

나는 내 사고력이 어떻게 형성되었는지를 한 번도 깊게 생각한 적이 없었다. 즉, 비판적 사고를 하기 위해 필요한 훈련을 받지 못했다는 것이다. 법학과 재무학을 전공하면서 배운 것은 스마트머신이 할 수 있는 분석적 사고, 문제 푸는 방법, 암기로 숫자를 조작하는 방법 등이었다. 혁신가들이 어떻게 생각하고 그들이 사용하는 프로세스에 대해 이미 알고 있었다. 또한 창의적인 사상가들을 연구하면서 집중적 사고와 발산적 사고의 차이도 알고 있었다. 인지적 편견과 인지적 부조화에 대한 지식도 가지고 있었다. 하지만 한 번도 내 생각을 스스로 관리하지 못했고, 혁신가들과 사상가들이 사용하는 프로세스를 통해 내 사고를 점검하지 않았다. 오히려 직장생활을 하면서 혼자 깊이 생각하는 방법을 배웠다.

지난 몇 년간 컨설팅 고객(수백 명에 달하는 성공적인 비즈니스 관리자 및 지도자들)에게 당신은 "어떻게 생각합니까?"라고 물었다. 가장 일반적인 대답은 "그냥 생각합니다" "갑자기 생각이 떠오릅니다" "자연스럽게 됩니다" 등이었다.

위의 질문에 대한 답을 찾기 시작하면서 대니얼 카너먼의 『생각에 관한 생각Thinking, Fast and Slow』을 다시 보게 되었다. 이 책은 카너먼이 비판적 사고에 대해 깊이 파고들어 매우 읽기 어려운 책이다. 그러나 이 책을 통해 비판적 사고에 대한 깊은 이해와 이에 대해 추가적인 조사가 필요하다는 것을 알게 되었다. 이후 비판적 사고에 대한 다른 책과 논문을 읽은 후, 더 나은 사상가가 될 수 있도록 '비판적 사고 확인 목록'과 '비판적 사고를 위한 질문 목록'을 만들 수 있었다. 독자들은 5장에서 비판적 사고에 필요한 도구를 확인할 수 있다.

우리가 자신의 사고를 질적인 측면에서 정의하는 것은 단순히 정형화된 프로세스를 받아들이거나 단순하고 반복적인 행동을 실행하는 것을 의미하지는 않는다. 이것은 우리 혼자서 할 수 없다는 것을 인정하는 것이다. 가장 비판적이고 혁신적인 사고를 하기 위해 다른 사람의 도움이 절실하다. 우리는 다른 사람들과 생각을 주고받고 그들의 의견, 비평, 서로의 다른 시각 등을 논의해야 비판적인 사고와 혁신적인 사고가 가능하다. 또한 다양한 훈련과 경험을 가진 사람들과 함께 있을 때 가장 좋은 효과를 낼 수 있다.

우리가 협업을 경쟁으로 생각하지 않고 오히려 정확한 대답을 찾기 위한 대화로 간주한다면 다른 사람에게 도움을 받는 일이 수월해질 것이다. 스마트머신 시대에서 우리는 다른 사람들과 경쟁하는 것$^{Old\ Smart}$이 아니고, 자기 자신과 마음의 한계$^{New\ Smart}$와 경쟁한다는 것을 인식해야 한다.

올드 스마트	뉴 스마트
나는 알고 있다	알지 못함을 잘 할 수 있다
내가 말한다	내가 물어본다

생각할 문제

나를 어떻게 정의하는가?

내 자아는 어디에 투자를 하고 있는가?

나는 남들에게 잘 보이기 위해 집중하는가? 아니면 업무를 개선하는 일에 집중하고 있는가?

누가 옳고 틀린 것에 관심이 있는가?

정서적 방어가 필요한 상황은 어떤 경우인가? 이는 내게 무엇을 의미하는가?

나의 사고력, 청취력, 관계 및 협력하는 능력이 나를 정의한다는 것에 대해어떻게 생각하는가?

2. 내 정신적 모델은 현실이 아니며, 세계가 어떻게 돌아가는지에 대한 나의 생각일 뿐이다.

3. 나는 내 생각이 아니며, 자아와 신념(가치관이 아님)을 분리한다.

우리는 폴과 엘더로부터 자기 자신을 신념과 일치시켜서는 안되며, 우리의 정신적 모델이 세상이 어떻게 작동하는지에 대한 주관적이고 개인적인 이야기일 뿐이라는 것을 배웠다. 픽사의 공동 설립자 에드윈 캣멀은 이러한 견해를 비즈니스적으로 검증했다. 픽사는 컴퓨터 애니메이션 스튜디오로 현재는 디즈니에 속해 있다. 픽사는 〈니모를 찾아서^{Finding Nimo}〉, 〈인크레더블^{The Incredibles}〉, 〈라따뚜이^{Ratatouille}〉, 〈월-E^{Wall-E}〉, 〈업^{Up}〉, 〈토이 스토리 3^{Toy Story 3}〉, 〈메리다와 마법의 숲^{Brave}〉, 〈인사이드 아웃^{Inside Out}〉 등 8개의 아카데미 상 수상 영화와 아카데미상 후보에 선정된 10개의 영화를 제작한 대표적인 크리에이티브 기업이다. 캣멀은 에이미 월레스와 공동으로 저술한 『창의성 회사^{Creativity, Inc.}』* 에서 어떻게 크리에이티브 회사를 창립했는지에 대한 이야기를 밝히고 있다. 캣멀은 학습과 창의력의 가장 큰 걸림돌을 자존심과 공포심으로 정의했다. 또한 자존심과 공포심을 완화하기 위한 업무환경을 조성하는 방법을 설명했다. 그는 픽사의 기업문화와 관리프로세스 등 다양한 방법을 통해 창의력을 방해하는 요소들을 제어했다. 대표적으로 직원들은 매일같이 자신의 동료로부터 피드백을 받고 있으며, 이는 창의력 향상에 도움이 되었다.

캣멀은 자아에 대한 픽사의 생각을 다음과 같이 설명한다. "내 아이디

---

* 국내에는 『창의성을 지휘하라』로 소개되었다.

어는 내가 아닌데, 아이디어를 나로 생각할 경우, 아이디어에 대한 문제 제기를 나에 대한 도전으로 받아들이게 된다. 또한 도전을 받을 때마다 불쾌감을 느낄 것이다." 캣멀은 정신적 모델에 대해서도 "우리의 정신모델은 현실이 아니다. 이는 기상리포터가 날씨를 예측하는 데 사용하는 모델과 같이 우리가 사용하는 도구 중 하나인 것이다. 날씨예보에서 비 내리는 날씨를 예측했지만 햇빛이 비추는 날씨인 경우도 있다. 날씨예보가 완벽하지 않다는 것을 알기 때문에 틀렸다고 해서 감정적으로 대응하는 리포터는 없을 것이다. 이처럼 도구는 도구일 뿐 현실이 아니다"라고 설명한다. 캣멀이 설명하는 것처럼 픽사는 사실 폴과 엘더가 말한 '나는 오직 나의 신념을 찾게 된 방법과 동일시한다'라는 내용을 실제로 적용한 회사다.

나는 지난 2년간 컨설팅을 수행한 결과 "나는 내 생각이 아니다"라는 말과 "내 정신적 모델은 현실이 아니다"라는 말을 사람들이 생각보다 잘 이해하고 받아들인다는 것을 알게 되었다. 또한 이런 생각이 뉴 스마트의 기준을 이해하는 데 많은 도움이 된다는 것도 발견했다. 자신의 생각에 들이는 투자를 줄이고 이 세상이 어떻게 작동하는 것에 대한 해석을 하는 것은 우수한 사고력 및 학습능력과 연관이 있고, 열린 마음을 갖는데 도움이 된다. 또한 신념(가치관이 아님)을 테스트해야 할 가정으로 생각하면 자신의 아이디어나 생각의 잘못된 점을 개인의 실패가 아닌 학습 기회로 받아들이기 쉬워진다.

올드 스마트	뉴 스마트
내 견해를 지켜라	내 견해를 개선하라
확인을 추구하라	진리를 찾아라

4. 나는 항상 열린 마음을 유지해야 하며, 내 믿음을 끊임없이 테스트되는 하나의 가정으로 대해야 하며, 더 나은 생각에 의해 수정된다.

이러한 뉴 스마트에 대한 아이디어는 과학적 방법에서 비롯되었으며 브리지워터의 고성과학습 시스템에 대한 연구를 통해 확인되었다. "모르는 일에 능숙하다"라는 말을 들어본 적이 있는가? 우리와 마찬가지로, 당신은 아마 모르는 것을 '알기 위해' 당신 학업과 경력의 대부분을 보냈을 것이다. 그러나 무지를 불편해하지 않고 관리하는 것이 과학자의 사고방식의 핵심이며 과학적 접근방법의 기본이다.

브리지워터를 설립한 레이 달리오는 '모르는 일에 능숙하다'를 기업의 핵심 성공요소 중 하나로 생각한다. 달리오는 브리지워터의 웹 사이트에 200개가 넘는 삶과 경영의 원칙을 공개했다. 나는 지난 2011년부터 달리오가 공개한 그의 원칙을 기초로 3년 동안 브리지워터에 대한 조사를 진행했다. 그 연구는 학습과학을 활용하여 고성과조직을 만들기 위한 기업문화와 실무관리에 대한 것이었다. 또한 연구를 바탕으로 『학습하거나 죽거나Learn or Die』를 출간했다. 나는 지난 14년간 고성과조직의 DNA 연구를 하면서 수많은 뛰어난 리더들을 만났지만, 달리오처럼 학습 및 사고력에 부정적인 영향을 미치는 자아와 두려움을 원칙, 문화, 일상적인 학습 등을 통해 극복하려고 노력한 리더는 보지 못했다.

달리오는 그의 원칙에서 진실을 찾기 위해서는 "과신이나 과시를 하는 것에 조심해야 하며 모르는 일에 능숙해야" 한다고 했다. 그는 자신이 속해 있는 산업에서 탁월한 성과를 내기 위해서는 자신의 정신적 모델에 사로잡히지 않은 혁신적인 사상가 즉 '독립적인 사상가' 가 필요하다고 말했다. 또한, 그는 독립적인 사상가를 자신이 무엇을 믿고 왜 믿는지를 확인하고 자신의 믿음을 지속적으로 시험하는 사람이라고 정의했다.

달리오는 뉴 스마트 연구에 중요한 역할을 한 인물이다. 그 이유는 브리지워터의 조직문화가 된 그의 원칙이 자아 방어력과 두려움을 억제하여 독립적인 사고를 유도하는 행동을 하도록 디자인되었기 때문이다. 달리오는 지난 수십 년 동안 독립적인 사고를 하는 조직문화를 만들기 위해 노력해왔다. 브리지워터의 가장 훌륭하고 스마트한 직원들도 반사적이고 방어적인 사고방식을 버리고 최고 수준의 사상가가 되기 위해서는 최소 18개월 이상의 시간이 걸렸다. 달리오의 이러한 변화는 무척 어렵지만 가능하다는 것을 확인했다. 이는 일상적인 프로세스를 통해 한 번에 한두 가지 행동의 개선을 집중적으로 진행하고 진행 상황을 정기적으로 점검하는 방법을 통해 달성할 수 있었다.

무지를 받아들이기

'무지' 라는 개념은 초라하고 불편하지만, 수천년 전 소크라테스 때부터 사용된 개념이다. 소크라테스는 "나는 내가 무지하다는 사실 외에는 아무것도 알지 못한다" 라고 말했으며, 공자는 "진정한 지식은 자신의 무지함의 정도를 아는 것이다" 라고 했다. 이는 휴밀리티와 과학적 사고의 핵심이다. 컬럼비아대학 생물과학과 교수 스튜어트 파이어스타인[Stuart]

Firestein은 자신의 저서 『무지Ignorance』에서 "과학자들은 자신이 아는 것에 집중하지 않고, 모르는 것에 집중한다"라고 했다.

대조적으로 카너먼은 '무지함'에 반대되는 것을 설명하고 있다. 그는 그의 저서 『생각에 관한 생각』에서 인간은 소량의 데이터를 기반으로 일반화하는 경향이 있다. 이는 인간의 '사고적 한계'이며, "우리가 알고 있는 것에 대한 지나친 자신감과, 우리가 살고 있는 세상의 불확실성 및 무지함을 인정하지 못하기 때문"이라고 설명했다.

과학적인 훈련을 받은 내 아내는 나와 대화를 나누던 중 내게 "당신은 두 가지 데이터 포인트만을 기초로 일반화하고 있다"라고 지적한 적이 있다. 아내의 말은 나에게 일반적인 인간의 오류에 대해 다시 한번 상기시켜 주었으며 머지않아 아내의 말이 옳다는 것을 깨달았다.

나와 같이 물리학, 생물학, 화학 등 전통과학 분야에 종사하지 않는 사람들은 '이렇다면 저렇게 된다'와 같이 자세하고 체계적으로 생각하는 훈련을 받지 못했다. 비과학자들은 '이렇다면 저렇게 될 수도 있다. 왜냐하면 이게 맞으면 저것도 함께 자주 발생하니까'라고 생각한다. 생각의 차이를 이해하는 것은 스마트머신 시대에 요구되는 수준의 사고를 하기 위한 첫 번째 단계이다.

훌륭한 과학자들은 열린 마음을 가지고 있다. 그들은 그들의 신념을 가설로 설정하고 이를 끊임없이 테스트하고 더 나은 데이터를 반영하여 가설을 수정한다. 그러나 과학적 사고는 단순히 인과관계의 존재 여부를 증명하기 위해 변수를 찾는 실험이 아니다. 훌륭한 과학자들이 열린 마음

---

* 국내에는 『이그노런스』로 소개되었다.

으로 객관적인 실험과 문제해결 방법으로 어떤 문제에 접근하는 것은 말처럼 쉬운 일은 아니다.

전문가들은 열린 마음을 비판적 사고, 창의력, 혁신 등에 필요한 핵심 요소로 인식하고 있다. 심리학자 크리스토퍼 피터슨Christopher Peterson과 마틴 셀리그먼Martin Seligman은 『성격의 강점과 미덕Character Strengths and Virtues: A handbook and classification』에서 열린 마음을 "자신이 선호하는 신념, 계획, 목표 등에 반하는 증거를 적극적으로 찾고 증거를 공정하게 평가하는 마음"이라고 정의했다.

리딩대학의 진화생물학 교수 마크 페이젤Mark Pagel은 모든 지식을 가설로 취급해야 한다고 주장한다. "지식의 도피적 특성은 우리가 지식을 해석하고 지식에 따라 행동할 때 휴밀리티에 기초해야 한다는 사실을 상기시켜 준다. 또한 다른 사람의 생각이나 해석에 대해 관용과 회의적 시점에서 대해야 한다. 지식은 항상 가설로 취급되어야 한다"라고 했다.

MIT의 물리학 교수 막스 테그마크Max Tegmark는 과학적 접근방법에 대해 "과학적 라이프 스타일의 핵심은 지적 관성을 피하기 위해 자신의 의견에 반대되는 정보에 직면했을 때 자신의 의견을 바꾸는 것이다"라고 설명한다. 이탈리아의 이론 물리학자 카를로 로벨리Carlo Rovelli는 "훌륭한 과학자는 더 나은 증거나 새로운 주장이 나오면 다른 관점으로 이동할 준비가 된 사람이다"라고 말했다. '비판적 사고'에서 폴과 엘더는 좋은 사상가는 신뢰할 수 있는 증거가 자신의 신념에 반대될 때 자신의 신념을 버리거나 변경할 준비가 되어있는 사람이라고 지적했다. 3명의 과학자들은 진정한 과학자가 되기 위해서는 열린 마음을 가지고 있어야 한다는 점을 공통적으로 말하고 있다.

생각할 문제 💡

나는 "왜 내가 이것을 믿을까?"라고 자기 자신한테 물어본 적이 있는가?

나는 내 결론을 뒷받침하는 가정과 데이터를 분석하는가?

나는 내가 강하게 믿고 있는 신념을 뒷받침할 수 있는 데이터가 있는지 스스로에게 묻는가?

나는 내 잘못에 대한 증거를 적극적으로 찾는가?

과학자처럼 사고하기

실제로 과학자처럼 생각하고 실생활에서 그 원리를 적용한다는 것은 무엇을 의미할까? 그것은 편견, 자아, 정서적인 방어 등이 우리의 사고에 방해가 된다는 것을 인정한다는 것을 의미한다. 또한 열린 마음을 가지고 우리의 신념을 시험하기 위해 다른 지식인들에게 "내 생각에 동의합니까, 아니면 동의하지 않습니까?"라고 질문하고, "나는 무엇을 놓치고 있는 걸까?"라고 지속적으로 자문하면서 틀린 부분을 찾는 것이다.

우리의 신념은 조건에 따라 변할 수 있다. 새로운 데이터에 의해 수정될 수 있는 정신적 모델을 받아들이면 보다 자유로워진다는 것을 이해할 수 있는가? 자유로워진다는 것은 즉각적이고 반사적인 자신의 생각을 방어하지 않고 진리를 찾기 위해 모든 것을 열어 놓고 다른 의견을 탐구하는 것을 의미한다. 이는 신념이나 생각이 아닌, 생각하는 방식으로 자신을 정의하여 뉴 스마트 행동을 강화시킬 것이다. 모르는 것에 능숙해지고 무지함의 정도를 받아들이게 되면 지나친 자신감을 경계하고 다른 사람들이 우리와 의견을 달리하거나 우리의 기초나 논리적 근거에 도전할 때 방어적인 태도를 낮추는 데 도움이 된다. 과학자처럼 생각하고 우리의 신념을 하나의 가설로 취급한다면 자신의 신념을 확신하지 않고 방어적 태세를 낮추게 된다. 정신적 모델, 과학적 사고방식, 열린 마음 등은 결과적으로 상호보안적 기능을 발휘한다.

올드 스마트	뉴 스마트
닫힌 마음	내 견해를 개선하라
신념에 도전을 받으면 불안해진다	신념에 도전을 받지 않으면 불안해진다

5. 실수와 실패는 곧 배움의 기회다.

혁신, 창의력, 기업가정신은 아이디어 실험을 위한 프로토 타입을 제작하고 반복적인 시행착오 과정을 통해 성공 확률을 높여 가지만, 대부분의 경우 원하는 결과를 얻지 못하고 실패한다. 당신이 혁신가, 창의력을 가진 사람, 기업가 등이 되고 싶다면 실수는 피할 수 없다. 혁신적인 기업에 의하면 혁신을 위해 진행하는 소규모 실험의 성공률은 10퍼센트에 불과하다. 스티븐 존슨은 『훌륭한 아이디어가 나오는 곳Where Good Ideas Come From』*에서 "웅장하고 화려한 역사 뒤에는 더욱 길고 실수의 연속이었던 어두운 그림자의 역사가 있다. 그리고 그것은 단순히 잘못한 것이 아니라 엉망이었던 역사다"라고 했다.

사실 실험과 실수를 통해 배울 의지가 강할수록 실행가능한 솔루션에

---

* 국내에는 『탁월한 아이디어는 어디서 오는가』로 소개되었다.

더 빨리 도달하게 된다. 실수와 실패를 통한 학습은 앞으로 중요한 기술이 될 것이다. 그 이유는 스마트머신 시대에는 테크놀로지가 운영의 우수성(더 우수하고 신속하고 저렴한)을 주도하고 인간은 창의력과 혁신을 통한 핵심가치를 창출하는 역할을 하게 될 것이기 때문이다. 실수를 나쁜 것으로 여기는 올드 스마트적 믿음은 혁신과 창의성만이 진정한 가치를 창출할 수 있는 테크놀로지 주도 사회에서 효과적으로 작동할 수 없을 것이다.

성공의 핵심은 실수를 통해 배우는 것이다. 또한 동일한 실수를 반복하지 않기 위해 배짱이나 느낌으로 의사결정을 하는 것이 아니다. 의사결정은 다른 사람의 도움을 받아 해결책을 찾고 해결책의 적용가능성을 테스트하는 것이다. 달리오의 원칙 또한 실수를 학습의 기회로 여겨야 한다고 강조한다. 이런 생각은 토머스 에디슨과 같이 성공적인 발명가들의 이야기에서만 나오는 것이 아니라 실리콘밸리의 기업문화에서도 흔히 찾아볼 수 있다. 그러나 불행하게도 우리와 우리의 사회는 여전히 올드 스마트적 관점에서 모든 실수는 나쁘다고 생각한다. 그리고 우리 중 대부분은 실수를 두려워한다.

실수에 대한 두려움

두려움은 부정적인 감정이다. 부정적인 감정은 우리의 시야를 좁혀 잘못된 판단으로 이어질 수 있다는 것은 이미 설명했다. 나는 인류이트를 연구하면서 실험적인 학습문화가 기업문화에 깊숙이 자리잡고 있음을 발견했다. 인류이트는 두려움을 완화하기 위해 '실수'라는 용어를 사용하지 않고 예상치 못한 실험 결과를 '놀라움'이라고 표현한다.

세계적으로 유명한 심리학자인 미하이 칙센트미하이^{Mihaly Csikszentmihalyi}

는 그의 책『창의성의 즐거움Creativity』에서 "우리는 두 개의 상반된 지침을 가지고 태어났다. ① 생존을 위한 본능적이며 에너지 절약적인 보수적인 지침과, ② 참신함과 위험을 즐기기 위해 창의성으로 인도하는 확장적인 지침이다."

그러나 불행하게도 많은 사람들은 첫 번째 본능에 보다 충실하다. 실수와 실패에 대한 두려움은 개인주의적인 필요에 의해 유도되는 자기중심적 감정일 가능성이 크다.

완벽주의 문제

브레네 브라운 연구원은 우리가 새로운 도전이나 실험을 하지 못하고 불확실성으로부터 자유롭지 못한 이유가 완벽주의에 대한 선입견이자 우리가 완벽하지 않을 때 느끼는 수치심 때문이라는 것을 발견했다. 브라운의 연구에 따르면 "완벽주의는 성취를 저해한다. 완벽주의는 우울증, 불안감, 중독증, 삶의 마비, 기회상실 등과 관련이 있다. 실패하고, 실수하고, 사람들의 기대에 미치지 못하고, 비판을 받는 것 등에 대한 두려움 때문에 우리는 건전한 경쟁이 있는 경기장에 들어가지 못하고 경기장 밖에 머물게 된다."

브라운이 말하는 완벽주의와 부끄러움을 불러일으키는 정신적 모델은 올드 스마트와, 배려의 반대인 자기도취와 흡사하다.

완벽주의는 본질적으로 다른 사람으로부터 확인과 인정받는 것에 핵심을 두고 있다. 대부분의 완벽주의자들은 성취와 성과(성적, 매너, 규칙 따르기, 사람들을 기쁘게 하는 것, 외모, 스포츠 등)에 대한 칭찬을 받으며 자랐다.

즉 나는 내가 성취하고 달성한 것의 결과이다. 남을 기쁘게 하고, 능력을 보이고, 완벽하게 하는 것 등에 대한 신념 체계를 갖게 된다.

이 책의 공동 저자 캐서린은 평생 동안 이와 같은 신념 체계를 가지고 살아왔다. 이런 신념은 스트레스와 불안감을 만드는 근원이었다. 하지만, 그녀는 학교와 직장에서 성공의 기초가 되는 것이 완벽주의라고 생각했었다. 그녀는 인생을 '고통이 없으면 얻는 것도 없다' 라고 믿었다. 그러나 캐서린의 신념은 캐럴 드웩Carol Dweck의 책 『사고방식Mindset』[*] 을 읽으면서 변하기 시작했다. 캐서린은 드웩의 연구를 통해 완벽주의는 결핍의 한 형태로 단지 '똑똑한' 모습에 몰두하는 것이며 '배우기' 보다 '시행' 을 중요시한다는 깨달았다. 심리학자인 드웩은 수십 년 동안 동기부여에 관한 연구를 진행했다. 그는 학습을 목표로(즉, 전문성과 성장을 추구하는 사람들)하는 동기유형 중심의 인간과, 지구력과 결과 등 성과를 목표로(즉, 다른 사람에게 강한 인상을 심어주고, 칭찬과 보상, 높은 성적 등을 추구하는 사람들)하는 인간에는 큰 차이가 있다는 것을 확인했다.

드웩은 학습 목표를 가지고 있는 사람이 그렇지 않은 사람보다 성취에 대한 높은 만족도뿐만 아니라 내재적인 동기부여에 더욱 강하게 반응한다는 것을 확인했다. 또한 학습 목표는 성장형 마인드와 같이 지능과 재능은 노력의 결과임을 암묵적으로 믿고 인내심을 가지고 노력하면 발전할 수 있다는 관점이 있었다. 그러나 성과 목표는 지능과 재능이 내재적이고 암묵적으로 변할 수 없다는 고정된 마인드를 가지고 있다.

------

[*] 국내에는 『마인드셋』으로 소개되었다.

드웩에 따르면, 사람들의 사고방식은 성장 과정에서 부모님과 교사로부터 받은 칭찬방식에 영향을 받는다고 한다. 부모님들이 아이들의 성과에 대해 "너는 너무 똑똑해!"와 같은 방법으로 아이들의 지능과 재능을 칭찬할 경우 아이들의 자신감에 순간적으로 도움은 되지만 향후 "어려운 문제에 도달하면 자신감을 잃고 동기부여가 바닥까지 떨어지게 된다"고 한다. 이런 칭찬을 받은 아이들은 "성공은 그들이 똑똑하다는 것을 의미하고 실패는 그들이 멍청하다는 것을 의미한다"고 인식하게 된다. 이것이 바로 '고정된 마인드'이다.

내가 학교에서 매일 같이 첫 번째 줄에 앉아 손을 크게 흔들던 학생이었다면, 캐서린은 완벽하지 못하다는 두려움 때문에 손을 들지 못하는 학생이었다. 캐서린은 드웩이 설명한 고정된 마인드를 가진 아이였다. 캐서린은 자신의 이런 모습에 대해 부모님을 탓하거나 비난하지 않았다. 그녀는 그녀의 타고난 성격과 기질이 고정된 마인드에 취약하여 올드 스마트 문화에 더욱 빠져들었다고 생각했다. 그녀는 어렸을 때부터 부끄럽다고 생각되는 일이나 재능이 없다고 생각되는 일은 우선 피했다. 자신이 못하는 것은 다른 사람 때문이었다. 소프트볼에서 삼진 아웃이 되면 이제 그만둘 때였다. 시험에서 몇 문제를 틀리면, '시험 문제를 왜 틀렸을까?'라고 생각하기도 전에 자신감부터 잃었다. 법대에 입학한 캐서린은 대학 시절에 형법에 관한 논쟁에서 동기생들에게 졌을 때는 회사법이 훨씬 더 흥미로워졌다. 많은 사람들이 자신감 부족(여성과 관련된 경우가 많음)때문이라고 생각했던 것은 사실 과도한 자아중심적 마인드와 자신의 이미지를 보호하려는 욕구가 강하기 때문이다.

올바른 실수

실수를 학습의 기회로 받아들이면 동기부여, 학습능력, 창의력, 혁신 등을 제한하는 완벽주의와 실패를 회피하는 사이클에서 벗어날 수 있다. 또한 실수를 용납함으로써 개인적으로 받아들이고 방어적인 행동을 하지 않게 된다. 그러나 몇 가지 주의사항이 있다. 모든 실수와 실패를 받아들이라는 것은 아니다. 같은 실수를 반복하는 경우에 특히 그렇다. 반복된 실수는 학습이라고 할 수 없다.

IDEO 창립자 톰 켈리Tom Kelley와 데이비드 켈리David Kelley는 『창의적 확신Creative Confidence』[*]에서 실패를 통해 학습하기 위해서는 실패를 '소유' 하고 '실패의 원인이 무엇이고 다음에는 어떻게 수정할 것인가'를 정확히 파악해야 한다고 설명한다. 우리는 지금보다 더 많은 실수를 해서 개인의 직업과 경력에 부정적인 영향을 미치거나 위험을 감수하라고 제안하는 것이 아니다. 그러나 많은 조직은 올드 스마트 정신을 가지고 있어 학습을 목적으로 발생하는 실패조차 용납하지 못하는 것이 현실이다. 또한 실패를 용인하기까지 오랜 시간이 걸린다. 만약 당신이 문제 해결, 혁신을 통한 새로운 비즈니스 아이디어 등을 현실화하는 팀을 이끌고 있다면 팀 원들과 함께 어떤 유형의 실수가 팀에 도움이 되고 좋은 학습 기회가 되는지 함께 토론할 필요가 있다. 당신이 소속되어 있는 팀 단위에서 적용 가능한 실수의 범위와 방법 등에 대한 정의를 내릴 수 있는지 확인하기 바란다.

---

[*] 국내에는 『유쾌한 크리에이티브』로 소개되었다.

올드 스마트	뉴 스마트
실수는 나쁘다	실수는 학습의 기회다
완벽주의	학습주의

종합하면, 뉴 스마트의 질적 기준이 되는 아이디어는 과학, 실제사례, 경험 등을 통해 만들어진 스마트머신 시대 역량에 필요한 4개의 행동을 구체화한다. 또한 4개의 행동에 숙련되려면 사고를 하는 방법, 지속적인 학습, 외향적 행동 등을 강화해야 한다. 오늘날 뉴 스마트는 우리 사회에도 적용 가능하지만 실제로 사용하고 있는 기업은 많지 않다. 향후 10년 이내에 스마트머신 시대의 영향을 몸소 느끼며, 뉴 스마트의 중요성을 직접 체험하게 될 기업이 빠르게 증가할 것이다. 일하는 직장이 대기업 또는 중소기업이든, 프리랜서 또는 매니저이든 상관없이 당신이 성공하기 위해서는 사고능력, 타인과 감성적으로 관계를 맺을 수 있는 능력을 갖추어야 한다.

다음 장에서는 스마트머신 시대 이야기의 두 번째 영웅 '휴밀리티'에 대해 자세히 알아보기로 한다. 우리가 휴밀리티를 선택한 이유와 앞으로 다가올 스마트머신 시대에서 인간의 우수성이 중요한 부분으로 생각되는 이유를 자세히 설명할 것이다.

생각할 문제

아래 언급한 뉴 스마트에 대한 각각의 아이디어를 다시 한 번 읽어보고 아래 질문에 신중하게 대답 해보기를 바란다.

이것이 나한테 무슨 의미가 있는가?

이것이 이해가 되는가?

이것에 나에게 어떤 도움이 될까?

이것이 나에게 위험이 될 수 있는가?

나는 뉴 스마트 아이디어를 받아들일 것인가?

그 이유는 무엇인가?

1. 나는 내가 무엇을 얼마나 많이 알고 있는지가 아니라 나의 사고력, 청취력, 관계와 협력 등과 관련된 능력으로 정의된다.

2. 내 정신적 모델은 현실이 아니며, 세계가 어떻게 돌아가는지에 대한 나의 생각일 뿐이다.

3. 나는 내 생각이 아니며, 자아와 신념(가치관이 아님)을 분리한다.

4. 나는 항상 열린 마음을 유지해야 하며, 내 믿음을 끊임없이 테스트 되는 하나의 가정으로 대해야 하며, 더 나은 생각에 의해 수정된다.

5 실수와 실패는 곧 배움의 기회다.

Chapter 3

휴밀리티

스마트머신 시대, 인간의 우수성 유지를 위한 관문

휴밀리티란 단어를 들으면, 어떤 생각이 떠오르는가? 가난하고 병든 자를 돕는 테레사 수녀? 제자들의 발을 씻겨준 예수? 스님 예복을 입고 묵상을 하고 있는 달라이 라마? 이러한 반응은 지극히 전형적인 답이다. 휴밀리티는 강한 종교적 공명을 가지고 있다. 휴밀리티를 사람과 관련지어 생각할 때, 대부분의 사람들은 매우 영적이고 독실한 사람, 전 생애를 이성적이고 헌신적으로 봉사한 사람을 생각하게 된다. 어느 누구도 헤지펀드 매니저나 글로벌 기업의 CEO를 떠올리지는 않을 것이다.

서구 사회에서 휴밀리티는 지적 재능이나 직업적 성공과는 거의 관련이 없다. 특히 미국 사회에서는 더더욱 그렇다. 그 이유는 서구 사회에서 사용되는 휴밀리티에 대한 동의어는 초라함, 온유, 복종 등으로 성취 및 성공과는 대립되는 의미를 갖고 있기 때문이다. 그러나 휴밀리티에 대한 우리의 정의와 겸손한 사고방식이 발휘할 수 있는 능력에 대한 믿음은 위에서 말한 함축에서 오는 것이 아니다. 휴밀리티는 철학적 지식과 심리적 구조에서 비롯된 연구의 결과다. 휴밀리티란 개방적이고 자기중심적이지 않는 것이다. 정확하게 설명하면 '내가 세상의 중심이 아닌' 것을 의미하며, 인간의 우수성은 세상을 '있는 그대로' 받아들일 때 나타난다는 것이다.

그렇다고 자기 스스로를 낮추라는 것은 아니다. 자기 자신에 대한 생각을 줄이라는 것이다. 예를 들어, '내 겉모습이 어떻지?' '다른 사람들이 날 어떻게 생각할까?' '다른 사람들이 나에 대해 어떤 말을 하고 있을까?' '다른 사람들이 날 어떻게 평가하고 있을까?' 등 자신에 대한 생각을 줄이는 것이다. 비판적 사고 재단The Foundation of Critical Thinking은 휴밀리티가 지적 사고와 비판적 사고의 초석이라고 말하고 있다. 이 재단은 "휴밀리티는 줏대가 없거나 복종을 의미하는 것이 아니다. 휴밀리티는 어떤 상황에서도 지적 허세, 허풍, 자만심 등을 갖지 않는 것을 의미한다"고 설명한다.

궁극적으로 다가오는 스마트머신 시대에서 성공하기 위해서는 우리가 꿈꾸는 왜곡된 세상을 볼 것이 아니라 세상을 있는 그대로 받아들일 수 있는 열린 마음을 갖도록 해야 한다. 열린 마음은 휴밀리티의 핵심이다. 스마트머신 시대에 우리는 나에게 덜 집중해야 하는 필요성과, 경쟁적인 마음과 협력적인 마음의 균형에 집중할 필요가 있다. 왜냐하면 비판적이고 창조적인 사고 및 높은 정서적 교류는 모두 '큰 우리'를 위한 팀 스포츠이기 때문이다.

휴밀리티에 대한 오해

지금 당신은 살아남기 위해 휴밀리티는 필요 없다고 생각하고 있을 것이다. 당신이 인생에서 경험한 모든 것은 급변하는 세상에서 살아남고 현대사회에서 성공하려면 일정 수준의 자기중심적이고 이기적인 면이 필요하다고 느꼈을 것이다. 사회는 자신의 능력을 믿으라고 이야기한다. 또한 나의 약점을 인정하고 부족함을 받아들이는 자체가 나약한 것으로 인식된다. 문화 전문가들은 최근 소셜미디어를 통해 1인 방송이 증가하고 자신을 적극적으로 표현할 수 있는 기회가 증가하고 있다고 한다. 이런 현상은 자기 자신에 집중하고 자기중심적인 나르시시즘을 장려하는 문화가 놀라운 속도로 확산되는 있다는 것을 보여주고 있다.

위에서 거론한 문화적 현상이 '나와는 상관없는' 일이라고 생각할 수도 있다. 그러나 많은 사람들은 자기만족과 자신감을 위해 끊임없이 정답을 말하고, 비교하고, 홍보하고, 약점을 숨기고, 자기방어적이고, 실패를 하지 않으려고 노력하는 등 자기 자신에 집중하고 있다. 그러나 이러한 사고방식은 높은 수준의 사고력이나 다른 사람과의 협업을 저하시킨다. 한 연구에 따르면 자기 강화를 위한 편견은 매우 일반적이라는 사실이 밝혀졌다. 그래서 성공은 자신의 공로로 인정하고 실패는 타인의 탓으로 돌리는 등의 형상을 심리학에서 '자기위주 편향'이라고 한다. 인정하고 싶지 않다 하더라도, 우리는 모두 자기위주 편향적 성향을 가지고 있다.

더욱이 우리는 문화적 집착처럼 높은 자부심을 심리적 건강에 중요한 지표로 여기고 있다. 심리학자 크리스틴 네프는 높은 자부심의 문제점은 자기 자신을 타인과 비교하여 항상 '특별' 하거나 '평균 이상' 이 되어야 한다는 점을 뽑았다. 논리적으로 높은 자부심을 유지하기 위해서는 자신을 끊임없이 과대 포장하거나 다른 사람을 비하하지 않는 한 모든 면에서 특별할 수 없다는 것이다. 즉, 잘못되고 왜곡된 평가로 자기 자존심을 유지한다는 것이다. 일부 심리학자들은 자신에 대한 긍정적인 환상이 심리적으로 도움이 될 수 있다고 주장한다. 하지만, 높은 수준의 사고와 학습 능력이 필요한 상황에서 자기 자신에 대한 과대평가는 자존심에 상처를 주거나 위협적인 정보를 거부한다. 또한 부족한 부분을 인정하지 않기 때문에 학습이 필요한 영역을 개선할 수 없다. 이는 스마트머신 시대에서 많은 사람들이 몰락하는 요인이 될 것이다.

1장에서 설명했듯이 테크놀로지가 가져올 새로운 시대는 과거의 성공법칙으로는 성공할 수 없다. 조직의 문화와 운영 프로세스는 새로운 현실에 맞추어 변형 및 개선되어야 한다. 개인은 내면에 집중하지 않고 타인과의 관계와 외면에 집중해야 자신의 부족한 점을 보완할 수 있다.

기존의 문화방식	새로운 문화방식
개인의 승리	팀의 승리
폐쇄적	투명성
높은 직위가 성공확률을 높인다	좋은 아이디어와 생각이 성공확률을 높인다
확인을 위해 경청한다	배우기 위해 경청한다
설명하는 것	질문하는 것
지식을 쌓는 것	알지 못하는 것을 잘하는 것
IQ(지능지수)	IQ와 EQ(감성지수)

기존의 문화방식	새로운 문화방식
실수는 피해야 하는 것	실수는 학습의 기회
경쟁	협력
자기홍보	자기반성

현시점에서 휴밀리티는 다소 반문화적으로 보일 수도 있다. 그러나 스마트머신 시대에서 휴밀리티는 개인의 자산이 될 것이다. 글로벌 관점에서 볼 때, 휴밀리티는 동양문화에서 오랫동안 인격적이고 전문적인 성품으로 여겨져 왔다. 스칸디나비아에서는 '얀테의 법칙$^{law\ of\ Jante}$'을 통해 자기 자신이 다른 사람보다 낫다고 생각하지 않는 것을 문화적 원칙으로 하고 있다. 볼보^{Volvo}, 이케아^{Ikea}, 에릭슨^{Ericsson}과 같은 기업들은 얀테의 법칙을 조직문화에 활용한 것으로 알려져 있다. 철학과 심리학을 이해해야 휴밀리티에 대한 정의의 진정한 가치를 이해할 수 있다.

잊혀진 휴밀리티의 유산

소크라테스부터 공자까지 고대시대 철학자들은 휴밀리티를 깨달음과 학습의 길로 여겼다. 서양철학의 초석이라고 여겨지는 소크라테스식 문답법은 참된 지식의 근원은 가설과 올바른 질문에서 시작한다는 이론에

---

* 덴마크 출신의 한 작가가 덴마크 북부의 얀테라는 마을에서 자라면서 겪은 경험을 책으로 정리한 내용으로 북유럽 사람들이 가지고 있는 생활의 법칙.

근거하고 있다. 고대 그리스 사회에서 소크라테스는 자신의 신념에 대해 공개적인 의문을 제기하기도 했다. 그는 깊은 탐구와 토론 등을 통해 당시 엘리트들의 무지함을 드러내기도 했다. 또한 신념과 지식의 진실성을 확인하기 위해 끝없는 질문과 의문을 통해 학습해야 한다고 믿었다. 소크라테스는 분명히 휴밀리티를 가졌으며 서구문화의 비판적 사고를 대표하는 수호성인으로 여겨지고 있다. 누구든 학교나 다른 방법으로 소크라테스식 문답법을 경험한 사람이라면 그가 휴밀리티를 체화하고 있다는 것에 대한 증인이 될 것이다.

휴밀리티는 중국인 철학자이자 정치가였던 공자의 사회적 상호작용에 관한 가르침과 저서의 핵심가치 중 하나였다. 사실 공자는 휴밀리티를 '모든 덕목의 튼튼한 기초'라고 말한 것으로 알려져 있다. 유교는 휴밀리티와 더불어 진실성, 부지런함, 고난과 인내, 집중력, 교사 존중 등의 중요성을 전하고 있다.

서구적 개인주의 학습과 사고에 대한 접근법은 소크라테스의 가르침을 왜곡하고 있다. 서구사회는 다른 사람들의 아이디어와 신념을 비판하고 거부하는 것을 정당화하기 위해 소크라테스의 가르침을 활용한다. 또한 개인주의적 학습과 성취를 정당화하기 위한 방안으로도 활용하고 있다. 학문적 학습에 문화가 미치는 영향을 분석하기 위해 유교와 소크라테스의 프레임워크를 연구한 캐나다의 심리학자 로저 트위드Roger Tweed와 다린 레먼Darrin Lehman은 타인의 아이디어에 의문을 제기하는 소크라테스적인 학습문화는 "개인주의 문화의 이상적 형태를 충족"시키는 개인의 독립성을 주장하는 한 방법이라고 주장했다.

소크라테스의 가치관인 휴밀리티를 잊어버린 서양사회는 소크라테스의 철학을 훼손하고 있다. 서양사회는 개인의 신념만을 중요하게 생각하고 다른 사람을 끌어내리는 것을 고결하고 지적인 일로 생각한다. 우리는 타인의 신념과 지식에 대해 의심을 품고 있지만 자기 자신의 신념이나 지식에 대해서는 의심하지 않는다. 우리는 회의론을 다른 사람의 이야기와 관점을 평가절하하는 데 사용해왔다.

휴밀리티 심리학

그동안 심리학은 휴밀리티를 성격의 상태와 개성, 기질의 강점, 지적인 미덕, 행동, 마음에 대한 이론 등의 관점에서 연구해왔다. 그러나 최근에는 휴밀리티에 대한 개념을 재정의하고, 평가하고, 측정하는 데 초점을 두고 있다. 또한 휴밀리티는 신체와 심리적인 건강을 유지하는 데 도움이 되고 대인능력, 메타인지 능력, 리더십, 관계구축 등에서 중요한 역할을 한다.

캐럴 드웩과 그의 동료들은 휴밀리티를 "자신의 지식에 부분적 한계를 인정하고 타인의 지식을 소중하게 생각하는 것"이라고 정의했다. 또한 휴밀리티는 목표 달성과 학습에 긍정적인 연관성이 있다는 것이 확인되었다. 즉, 휴밀리티가 학습능력을 향상시킨다는 것을 발견한 것이다.

심리학자 준 프라이스 텐지Price Tangey, 크리스토퍼 피터슨, 마틴 셀리그먼은 휴밀리티의 심리적 특성을 다음과 같이 설정했다.

1. 자신의 능력과 업적을 정확하게(과대 또는 과소 평가하지 않고) 판단하는 것.

2. 자신의 실수, 불완전함, 지식의 한계 등을 인정하는 것.

3. 새로운 아이디어, 상반된 정보, 조언 등을 열린 마음으로 받아들이는 것.

4. 자기의 능력과 성과를 현실적으로 파악하는 것.

5. 자신에 대한 관심을 낮추거나 '자신을 잊어' 버리는 것.

6. 모든 것에 가치를 부여하고 타인은 물론 사물도 자신만의 방법으로 세상에 기여하고 있다는 것을 인식하는 것.

휴밀리티의 이러한 특성들은 뉴 스마트 행동들과 높은 수준의 사고력, 학습능력, 정서적 참여 등 스마트머신 시대에 필요한 역량 강화에 도움을 준다. 휴밀리티가 심리학에 주는 의미는 과학의 근본이 되는 평범함의 철학적 원칙과 유사하다. 생물학자 마이어스[P. Z. Myers]는 평범함의 철학적 원칙을 설명하는 것은 어렵지만 이해하는 것은 더욱 어려운 과학적 개념 중 하나라고 설명했다. 그는 평범함의 철학적 원칙에 대해 다음과 같이 설명하고 있다.

평범 원칙[mediocrity principle]은 당신이 특별하지 않다고 말한다. 세상은 당신을 중심으로 돌아가지 않고… 일어나는 대부분의 일은 자연적이고 언제 어디서든 일어날 수 있는 보편적인 법칙에 의한 결과이다. 또한 모든 일을 당신의 이익을 위해 특별히 면제하거나 확대 해석할 필요가 없다고 설명한다.

사실, 인간은 자신이 다른 동물에 비해 특별한 존재라고 믿고 싶어 한다. 그러나 사실은 특별하지 않다. 영장류동물학자이자 에모리대학의 심리학 교수 프란스 드 발은 『우리가 동물의 지적 수준을 이해할 만큼 똑똑할까?Are We Smart Enough to Know How Smart Animals Are?』에서 "지구상에 지적 생명체가 인간만 존재하는 것은 아니다"라고 했다. 인간은 지난 수세기 동안 인간의 우수성을 추정해 왔다. 그러나 최근 들어 많은 동물들에게도 높은 수준의 인지능력이 있는 것으로 밝혀지고 있다. 프란스 드 발은 "우리는 지구상 유일한 지적 생명체가 아니다"라고 주장했다.

생각할 문제

우리는 휴밀리티에 기초한 사고방식이 스마트머신 시대에 필요한 모든 역량과 주요 행동의 기초가 된다고 생각한다. 당신은 이런 생각에 대해 어떻게 생각하는가?

모든 것에 '내가 우선'이라고 생각한다면 어떻게 비판적인 생각과 혁신적인 생각을 할 수 있고 훌륭한 협력자가 될 수 있을까?

만약 당신의 강점, 약점, 능력, 업적 등에 대해 정직하지 못하다면 어떻게 열린 마음을 가지고 당신의 가설과 생각을 실험하고 실수와 실패로부터 학습할 수 있을까?

만약 당신이 자신에만 몰두하여 다른 사람의 시각을 소중하게 생각하지 않고, 자존심도 꺾지 않고, 타인의 말을 경청하지 않는다면 어떻게 상반된 생각을 가진 사람들과 효과적인 협업을 할 수 있을까?

---

* 국내에는 『동물의 생각에 관한 생각』으로 소개되었다.

휴밀리티는 뉴 스마트 행동과 스마트머신 시대의 역량과 관련하여 인간이 최고의 능력을 발휘할 수 있도록 도와준다. 2부를 통해 좀 더 명확하게 이해할 수 있을 것이다.

휴밀리티의 특징을 요약하면 다음과 같다.

1. 휴밀리티는 '자기를 잊어 버리는' 힘을 가지고 있으며,
   - 자아를 통제하고
   - 숙고적 경청을 가능케 하며
   - 자기관리와
   - 타자성을 촉진시킨다.

2. 휴밀리티에는 열린 마음이 포함되며, 다음과 같은 사고를 하는데 필요하다.
   - 비판적 사고
   - 혁신적 사고
   - 창의적 사고

3. 휴밀리티는 우리의 강점과 약점 그리고 실수를 받아들이고, 우리의 능력과 성과를 이성적으로 평가하여,
   - 우리의 사고를 테스트하고
   - 우리가 모르는 것을 인정하고
   - 반복 학습을 하고

- 자기관리(사고와 감정) 등을 용이하게 한다.

4. 휴밀리티는 다른 사람들의 가치를 인정하여,
- 공감
- 관계 구축
- 협업
- 혁신적인 사고 등을 가능케 한다.

　우리는 휴밀리티적 관점에서 야망이나 사심을 완전히 버려야 한다고 말하고 있는 것이 아니다. 그러나 우리의 문제는 단순히 개인의 '성공'만을 추구하지 않는다는 것이다. 우리는 다른 사람보다 성공한 것처럼 보이고 다른 사람에 비해 성공했다는 것을 증명하기 위해 방어적인 태도를 취한다. 인간은 본능적으로 상대방보다 월등하고, 똑똑하고, 특별해 보이려고 노력한다는 것이다. 이것은 과도한 자기중심적인 사고방식이기 때문에 스마트머신 시대에 도움이 되지 않는다. 그러나 휴밀리티에 기초한 외향적인 관심사는 우리에게 이익이 된다. 우리는 본능적으로 동료, 팀원, 또는 고객보다 우월하다는(모든 것에 내가 중심이 됨) 것을 증명하고 싶어한다. 이런 태도는 진정한 팀워크, 협업, 혁신 등에서 효과를 기대할 수 없게 한다. 따라서 스마트머신 시대에서 성공하고 미래를 준비하기 위해서는 휴밀리티(나보다는 우리를 우선)를 몸에 익혀야 하며 이를 기초로 모든 문제에 접근해야 한다.

'나' (내가 중심)	'우리' (우리가 중심)
자기방어적	자아확장성
자기중심적	자신을 잊다
말이 많음	경청하는 자세
내부 지향	외부 지향

우리는 수줍음^{Modesty}(자신감이 부족하다는 의미가 있음)과 휴밀리티를 혼동할 때가 있다. 그러나 수줍음은 개인의 성향보다는 사회성을 의미한다. 남의 칭찬을 무시하거나 자기가 똑똑하지 않다고 생각하고 창의적이지 않다고 주장하는 자기비하적 사람을 생각해보기 바란다. 이렇게 생각하는 사람들은 표면적으로는 자기 자신을 낮게 생각하는 것처럼 보이지만, 실제로는 자기 자신에 대한 지나친 집중에서 비롯된 진술이라고 볼 수 있다. 자신을 이런 형태로 평가하는 사람은 수줍음이 많다고 할 수는 있지만 휴밀리티를 체화하고 있다고 할 수는 없다. 휴밀리티가 수줍음의 형태로 나타날 수는 있지만 그 반대의 형태는 거의 없다.

휴밀리티의 장점

스마트머신 시대에서 당신은 더 이상 중심이 될 수 없다. 혼자만 특별할 수는 없다. 이런 생각은 가혹하고 자존심을 상하게 할 수도 있다. 그러나 스마트머신 시대의 승자는 자기중심적이지 않은 사람들이 될 것이다.

왜냐하면 승자가 되기 위해서는 열린 마음을 유지하고, 실수와 약점을 받아들이고, 외향적인 상황에 집중하고, 이러한 것들이 우리의 사고력, 혁신, 창의력, 지속적인 학습 등에 도움이 될 것이기 때문이다. 미래에는 관계형성을 소중히 여기는 사람(과도한 이기심에 묶이지 않고 감성적인 관계, 공감, 다른 사람을 기꺼이 돕는 사람)이 성공할 것이다.

펜실베니아대학 와튼스쿨의 관리학 및 심리학 교수 애덤 그랜트^{Adam} ^{Grant}는 그의 저서 『주고받기$^{Give\ and\ Take}$』*에서 다른 사람을 돕는 것은 협업, 혁신, 품질 향상, 우수한 서비스 등을 얻을 수 있는 기초가 된다고 설명했다. 애리조나대학의 한 연구에서는 더 많은 도움을 줄수록 더 높은 수익률, 생산성, 효율성, 고객 만족도 등이 예측되었고, 비용 및 이직률을 낮추는 효과가 있다는 것이 발견되었다. 휴밀리티는 짐 콜린스$^{Jim\ Collins}$의 2001년도 베스트셀러 『좋은 기업을 넘어 위대한 기업으로$^{Good\ to\ Great}$』에서도 논의되었다. 콜린스는 그의 연구에서 '훌륭한 기업'의 리더가 가져야 할 핵심속성을 "개인적 휴밀리티와 전문성의 역설적 혼합"이라고 했다.

비즈니스 세계와 언론 매체들은 휴밀리티를 보유한 리더에 주목해 왔다. 이후 진행된 연구에서 직원들은 자신의 상사가 휴밀리티를 가지고 있으며 자신과 공감하고 동정심이 깊다고 느낄수록 더욱 헌신하고 회사 업무에 적극적으로 참여한다는 사실을 확인했다. 또한 어떤 조직이든지 급속도로 변하는 환경에서 경쟁력을 유지하기 위해서는 적응력과 유연성이 필요하지만, 상급자가 중심이 되는 (잘못된 모델이지만 아무도 의심을 하지 않았

---

* 국내에는 『기브앤테이크$^{Give\ and\ Take}$』로 소개되었다.

던) 수직적 조직은 유연한 조직이 될 수 없다. 조직에서의 휴밀리티의 중요성은 고성과기업과 모범적인 학습조직에 대한 사례 연구를 통해 리더십의 핵심 주제로 부상했다. 수년 전에 티파니Tiffany & Co.의 짐 퀸Jim Quinn 회장과 인터뷰를 한 적이 있다. 티파니를 한 단어로 설명해달라고 질문했을 때, 퀸은 '휴밀리티'라고 했다. 그는 추가적으로 "이 회사에는 단 하나의 스타만이 있는데, 그것은 티파니입니다"라고 부연 설명을 해주었다. 티파니는 모범적인 학습조직의 좋은 예이다.

레이 달리오는 그가 이해하고 있는 휴밀리티를 "우리는 모두 멍청한 똥이다"라고 설명했다. 브리지워터는 급진적 투명성Radical Transparency라는 회사 정책을 통해 회사 내 휴밀리티 유지를 위해 노력하고 있다. 이 정책에는 회사의 모든 회의를 촬영하고, 누구나 자유롭게 회의영상을 검토하고, 회의에 참석한 임직원의 스코어 카드(장점과 약점)에 점수를 부여하는 시책들이 담겨있다. 또한 브리지워터의 임직원은 아이패드iPad의 응용프로그램을 활용하여 정기적으로 서로의 성과를 평가한다. 달리오 자신도 다른 임직원과 같은 기준으로 평가를 받는다.

인튜이트의 공동 창업자 스콧 쿡Scott Cook은 "회사에서 학습하고 성장해야 하는 가장 중요한 인물은 CEO"라고 단언했다. 리더는 직원으로부터 왜곡되지 않고 '있는 그대로'를 피드백받을 수 있는 방법을 찾아야 한다고 말한다. 그는 또한 전방위 평가와 '지속적인 관리'에 대한 필요성을 공개적으로 밝히고 자신이 말한 것을 실행으로 옮겼다. 인튜이트의 CEO 브래드 스미스Brad Smith는 자신을 포함한 모든 리더들은 자존심을 버리고 모르는 것을 인정하여 기업 혁신에 윤활유 역할을 해야 한다고 설명했다. 그는 의사결정을 명령하고 통제하는 '현대적 시저' 유형의 리더들이 없어져야 직원들이 자율적으로 인튜이트가 말하는 '신속한 실험'을 할 수 있다고 했다. 인튜이트의 '신속한 실험'은 아이디어를 신속하고 저렴하게 테스트하여 상품화가 가능한 아이디어는 상품화하는 방법이다. 신속한 실험은 공평한 성과평가 시스템을 통해 최고의 직원만이 승진할 수 있는 시스템이다.

구글의 전 수석부사장 라즐로 복Laszlo Bock은 그의 책『구글의 아침은 자유가 시작된다Work Rules!』에서 구글의 채용조건 중 가장 중요한 것으로 '휴밀리티'를 뽑았다. 그가 말하는 휴밀리티의 의미는 '다른 사람의 좋은 생각을 받아들일 수 있는' 능력과 '지적인 휴밀리티'라고 정의했다. '지적인 휴밀리티'가 없으면 '실패로부터 배울 수 없다'고 설명했다. 또한 그는 휴밀리티가 없으면 거짓된 귀인적 사고와 남을 비난하는 마음에 빠지기 때문에 실패로부터 학습할 수 없다고 설명했다. 그는 휴밀리티가 없는 사람은 "좋은 결과에 대해서는 자신이 천재이기 때문이라고 생각하고, 나쁜 결과는 자신이 아닌 다른 사람의 잘못이나 자원 부족 또는 시장의 변화 등 남과 환경 탓을 한다"고 언급했다.

휴밀리티는 구글의 리더십과 경영철학에 매우 중요한 역할을 한다. 라즐로 복은 구글의 의사결정은 HiPPOHighest Paid Peron's Opinion(가장 많은 월급을 받는 자의 의견)가 아닌 데이터에 의해 결정되고 아이디어가 구심점 역할을 한다고 설명한다. 구글은 계층 구조를 권장하지 않는다. 구글의 모든 직원은 어떤 사항에 동의하지 않을 경우 반대 의사를 표시할 의무를 가지고 있다. 침묵을 지키는 것은 구글의 반기업문화적 정서다. 구글은 '목소리'를 갖고 있는 직원들이 더욱 의미 있는 일을 한다고 믿고 있다.

캣멀은 픽사가 성공할 수 있었던 원인으로 휴밀리티가 큰 역할을 했다고 설명한다. 캣멀은『창의성 회사』에서 조직의 리더가 휴밀리티를 수용하는 방법과 롤모델이 될 수 있는 방법에 대해 다음과 같이 말했다.

> CEO라면 알지 못하는 것을 인정하고 받아들일 수 있어야 한다고 생각한다. 그 이유는 휴밀리티가 미덕이기 때문만이 아니라, 그런 사고방식을 갖기 전에는 혁신적일 수 없기 때문이다. 나는 관리자가 조직이나 직원에 대한 통제를 없애야 하며 강화해서는 안 된다고 생각한다.
>
> 경영자들은 위험을 받아들여야 하고 임직원을 신뢰하고 임직원들이 일을 할 수 있도록 길을 열어 주어야 한다. 두려움에 관심을 기울여야 한다. 또한 성공적인 리더는 자신의 방법이 잘못되었거나 불완전하다는 현실을 받아들여야 한다. 모른다는 것을 인정할 때 비로소 배울 준비가 된 것이다.

아마도 휴밀리티의 힘을 가장 잘 보여주는 곳은 최고 수준의 인간성과 협력이 요구되는 미군 특수부대일 것이다. 특수부대원들은 부대의 안전과 임무완수를 위해 "자신을 잊어"야 하며, 자신의 능력을 최대한 끌어올리기 위해 노력한다. 이런 노력은 생명과 직접적으로 연결되기 때문에 모든 군인이 반드시 이행해야 하는 사항이다. 만약 나 자신(내 생명)만을 생각하고 이기적으로 행동하면 전쟁에서 승리는 물론 부대의 안전도 위협받기 때문이다. 휴밀리티는 리더십에도 적용된다. 두 명의 전직 미 해병대 출신 저자는『극단적 소유권Extreme Ownership』에서 해병대에서 극단적 소유의 리더십을 구현하기 위해서는 자신의 "자아를 확인하고 고도의 휴밀리티가" 필요하다고 설명한다. 즉, 개인주의적 리더십은 생사가 오가는 전쟁터에서 아무런 힘을 발휘할 수 없다는 것이다. 이는 기업뿐만 아니라 우리의 일반적인 삶에도 적용될 수 있다.

휴밀리티는 스마트머신 시대에서 인간의 성공을 위한 관문이다. 뉴스마트 행동은 2부에서 자세히 논의하겠지만, 휴밀리티는 최고 수준의 사고, 학습능력, 타인과의 정서적 관계 등 스마트머신 시대에 필요한 역량의 기초가 된다. 따라서 휴밀리티는 이 책의 진정한 영웅이다. 우리는 당신의 사고 기준으로 '휴밀리티'를 깊고 진지하게 받아들이기를 기대한다.

생각할 문제

- 브리지워터에서 필요한 비판적이고 혁신적인 사고를 하는데 휴밀리티가 왜 중요할까?
- 구글은 휴밀리티에 기초한 사고방식을 왜 중요하게 생각할까?
- 픽사는 휴밀리티에 기초한 사고방식을 왜 중요하게 생각할까?
- 미 해병대는 휴밀리티에 기초한 사고방식을 왜 중요하게 생각할까?
- 현재 휴밀리티가 당신에게 주는 의미는 무엇인가?
- 휴밀리티는 당신의 성공에 도움이 될 것으로 생각하는가? 아니면 방해가 될 것으로 생각하는가? 그리고 그렇게 생각하는 이유는 무엇인가?
- 자신의 믿음을 어떻게 테스트할 수 있는가?

Part 2
뉴 스마트 행동

4장부터 7장은 스마트머신 시대 역량의 근간이 되는 4가지 행동(자아 통제, 자기관리, 숙고적 경청, 타자성)에 대해 논의하고자 한다. 앞서 언급했듯 이 새로운 행동을 쉽게 받아들이기 위해서는 정신적 모델(자신과 세계에 대한 자신의 견해)이 먼저 변해야 한다. 즉, 신념이 행동을 유도한다는 것 이다. 뉴 스마트의 정의와 휴밀리티에 기초한 사고방식을 받아들이면 스마트머신 시대의 기초가 되는 뉴 스마트 행동을 수용할 수 있다.

그러나 좋은 의도와 의지만으로는 충분하지 않다. 삶과 생각의 속도 를 늦추고 매일매일 사려 깊은 선택을 하고 생존과 성공을 위해 필요한 역량을 개발할 수 있는 행동을 자기 것으로 만들기 위해서는 많은 노력 이 필요하다. 행동은 측정이 가능하다. 정신적 모델이 개선되려면 자신 의 행동을 측정하고 행동에 대해 책임을 지는 것이 필요하다. 특정 행동 에 능숙해지려면 무엇을 해야 하는지를 알고 어떻게 해야 하는지를 이 해해야 하며, 행동으로 옮길 동기가 있어야 한다. 일관되고 지속적으로 행동을 실천해야 한다. 행동은 더 많이 해볼수록 쉬워진다. 『마시멜로 테스트The Marshmallow Test』의 저자인 심리학자이자 월터 미셸은 행동습관 을 강화하는 방법을 "우리가 계속한다면 (중략) 새로운 행동이 만들어내 는 만족감이 행동을 유지하는 데 도움이 된다. 새로운 행동을 계속한다면 부담감이 아닌 만족감과 자신감의 원천이 된다. 오랜 기간 동안 익숙해진 삶의 패턴을 바꾸고 새로운 것을 배우려면 많은 노력과 시간이 필요한 것처럼, 행동을 바꾸기 위한 가장 좋은 방법은 '연습, 연습 또 연습'이다. 연습을 자동적이고 본능적으로 보람이 느껴질 때까지 하는 것이다."

2부에서는 뉴 스마트 행동에 대한 과학적 실험, 현장조사, 관리자 및 리더의 경험과 실험에서 얻은 아이디어, 템플릿^{template}, 프로세스, 팁 등을 제공한다. 또한 다음에 이어지는 다이어그램을 통해 행동을 강화하고 타인과 상호작용하는 방법이 스마트머신 시대에 필요한 역량을 확보하는 데 어떻게 도움이 되는지 자세히 설명할 것이다.

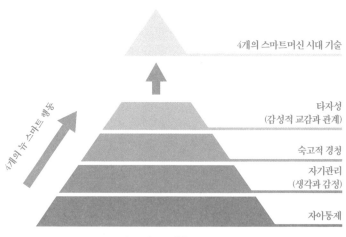

뉴 스마트 + 행동

우리는 스마트머신 시대에 필요한 역량의 가장 기초적인 행동을 찾기 위해 수백여 개의 논문과 45권의 관련 서적을 조사했다. 조사를 통해 스마트머신 시대에 필요한 기술을 역설계하여 4개의 행동들을 도출했다. 다른 행동들도 중요하지만, 이 4개의 행동이 가장 기본이다. 2부에서 논의될 또 다른 기본 개념은 '선택' 이다. 이 책의 내용을 워크숍과 교실에서 활용하면서 상당수의 참가자들이 자신들의 행동에 대해 '선택' 의 결과라는 것을 완전히 이해하지 못하고 있다는 것을 확인했다. 우리는 자동차의 자율주행모드처럼 인생을 살면서 반자동적으로 행동하는 경우가 너무 많다. 예를 들어, 우리는 하루 일과 중 다음과 같은 선택을 할 수 있다.

1. 모든 생각과 행동을 집중력, 신중함, 목적 등을 기반으로 선택하고 행동하거나 자율주행모드처럼 자동적으로 선택한다.
2. 모든 순간에 집중하여 결정하거나 불안감과 좌절감에 사로잡혀 혼란스러운 결정을 한다.
3. 특정방식으로 두려움과 불안감에 대처한다(혹은 하지 않는다).
4. 다른 사람의 말을 열린 마음으로 듣는다(혹은 무시한다).
5. 감정을 행동으로 옮긴다(혹은 그렇게 하지 않는다).
6. 수비적으로 행동한다(혹은 그렇게 하지 않는다).
7. 사람들과 관계를 만든다(혹은 그렇게 하지 않는다).

잠시 동안 위의 내용에 대해 당신의 선택은 어떤 것인지 생각해보고 추가할 내용이 있는지 고민해보기 바란다.

우리가 생각하고 듣는 방식, 자아와 두려움을 관리하는 방법, 타인과 공감하고 관계를 맺는 방법 등에서 어떤 선택을 하느냐에 따라 스마트 머신 시대의 성공 여부가 결정된다. 바버라 프레드릭슨^{Barbara Fredrickson}은 『긍정^{Positivity}』*에서 체로키 민속 이야기를 인용하여 선택에 대한 설명을 하고 있다.

> 어느 날 저녁, 체로키는 그의 손자에게 우리 내부에서 일어나는 전투에 관한 이야기를 한다. 그는 "내 아이야, 우리 내면의 전투는 우리 안에 있는 두 마리의 늑대가 벌이는 거란다. 하나는 악(惡)인데 분노, 질투, 시기, 슬픔, 후회, 욕심, 거만함, 자기연민, 죄책감, 분노, 열등감, 거짓말, 교만, 우월감, 자존심 등이다. 또 다른 하나는 선(善)인데 기쁨, 평화, 사랑, 희망, 평온, 휴밀리티, 친절, 자선, 공감, 관용, 진리, 연민, 신앙 등이다." 손자는 할아버지의 말씀에 대해 잠시 생각하고 물었다. "어느 늑대가 이겼습니까?" 할아버지 체로키는 "네가 먹이를 준 늑대"라고 대답했다.

우리 모두는 신체와 정신적으로 제한된 자원을 가지고 있다. 우리가 자기중심적이고 자아방어와 다른 사람들보다 똑똑해 보이기 위해 많은 에너지를 소비한다면, 정작 높은 수준의 학습, 사고, 관계 등에 필요한 비판적이고 혁신적인 사고를 하고 경청할 수 있는 에너지가 남아 있지 않을 것이다. 즉 '악'에게 먹이를 주고 있는 것이다.

4가지 뉴 스마트 행동은 스마트머신 시대에 필요한 역량을 개발하는 데 상호작용을 한다. 예를 들어, 자아통제는 우리의 감정과 사고를 관리

---

* 국내에는 『긍정의 발견』으로 소개되었다.

하는 데 도움을 주기도 하지만 그 반대로 감정과 사고를 통제할 수 있으면 자아통제가 가능하다. 숙고적 경청은 자아통제의 도움을 받기도 하지만 자아통제에 도움을 주기도 한다. 그러나 타자성은 숙고적 경청을 할 수 있어야만 가능하다. 나는 많은 사람들에게 이러한 행동들이 위의 다이어그램에서 그려진 순서대로 성장하는 것을 발견했다. 4장에서 7장, 그리고 8장의 「뉴 스마트 행동에 대한 평가」에서는 위 그림의 순서대로 설명한다.

Chapter 4
자아통제

자아통제는 우리의 반사적인 감정적 방어력을 약화시키기 위해 의도적으로 노력하는 것이다. 즉 공감, 열린 마음, 숙고적 경청 그리고 다른 사람의 평가와 다른 생각을 적극적으로 받아들여 자신의 생각과 지식에 대한 유효성을 테스트한다. 자아통제는 휴밀리티를 실천하고 운영하는 좋은 방법이다. 우리의 자존심을 통제하기 위해서는 자기중심적인 생각을 버리고 타인과 세상을 있는 그대로 받아들이는 것이다. 또한 실패에 대한 두려움과 자신에 대한 부정적인 이야기를 의식적으로나 무의식적으로 회피해서는 안 된다. 내가 가지고 있는 '나'와 세상에 대한 이야기는 우리가 세상을 어떻게 인식하는지에 대한 생각의 일부다. 대부분의 경우 이러한 생각은 사실이 아니며, 자기집중적이고 현실을 왜곡하는 경향이 있다. 이런 왜곡된 생각은 우리의 행동, 사고, 타인과의 관계 및 협업 등에 부정적인 영향을 미친다.

잠시 당신의 내면 이야기를 생각해볼 필요가 있다. 우리는 두려움과 불안정한 마음을 가지고 있으며, 인정받고 사랑받기를 원한다. 또한 우리는 두려움과 불안정한 마음을 다루는 자신만의 방법을 가지고 있다. 자기 중심적인 내면의 이야기를 통제하는 이유는 이 세상을 우리가 원하는 대로 바라보지 않고 있는 그대로를 인식하기 위해서다. 올바른 인식이 있어야만, 더 명확하고 개방적이며 스마트머신 시대에 필요한 역량을 정확하게 숙달하고 행동으로 옮길 수 있다.

마음챙김

자아통제에 가장 효과적인 방법은 마음챙김 명상을 통해 생각과 몸의 감각을 통제하는 것이다. 마음챙김은 존 카밧진의 연구에 의해 기존 의약학계의 주류에 포함되었다. 그는 1979년 메사추세츠 의과대학에 마음챙김 의학센터, 스트레스 감소 클리닉과 정신집중센터 등을 설립했고 이후 마음챙김은 미국 전역으로 확산되었다. 카밧진은 마음챙김을 "어떤 것에 특별한 주의를 기울여 의도적으로 편협된 판단을 하지 않는 것" 이라고 설명했다. 하버드 대학 심리학자 매튜 킬링스워스와 다니엘 길버트는 성인들이 자신의 시간 중 약 50퍼센트를 현재를 위해 사용한다고 보고 있다. 마음챙김이 판단력을 향상시키면 지금을 위해 사용되는 50퍼센트의 시간을 줄일 수 있을 것이다.

마음챙김을 통해 자아를 통제하면 현실을 편견이나 왜곡 없이 수용하여 집중력을 높일 수 있다. 경험에 대한 관심도 높아진다. 쉬워 보이지만,

마음챙김을 통해 편견 없이 생각하는 것은 생각보다 어렵다. 어려운 이유는 매우 간단하다. 이미 설명했듯이, 인간은 본능적으로 편견을 가지고 있고 인간의 자존심이 사물을 객관적으로 바라보는 것을 방해하기 때문이다. 또한 자존심을 지키기 위해 자기 자신을 '있는 그대로'가 아닌 왜곡된 모습으로 만든다. 자신의 모습에 많은 에너지를 사용하기 때문에 세상을 정확하게 볼 수 있는 판단능력이 흐트러진다. 또한 신중하고 객관적으로 반응하는 것보다 본능적이고 자동적으로 반응하는 것이 쉽고 에너지 소모가 적기 때문에 공정한 생각을 하는 것이 쉽지 않다. 인간의 이런 행동은 지난 수세기 동안 강화되어 왔다. 이에 대해 윌리엄 제임스는 100여 년 전에 『심리학의 원론Principles of Psychology』에서 "자발적으로 떠돌아 다니는 관심을 제자리로 되돌려 오는 것은 판단, 성격, 의지 등에 뿌리를 두고 있다"라고 밝혔다.

마음챙김은 인식의 상태이지만 많은 사람들이 이것을 명상과 관련시킨다. 그 이유는 카밧진이 명상을 통한 마음챙김이 스트레스를 줄이고 사람들의 고통, 질병, 불안함 등에 대응할 수 있는 방법으로 만들었기 때문이다. 지난 30년간의 마음챙김 관련 연구에 따르면 명상을 통해 뇌 구조를 변화시켜 직접적으로는 인지적 기능, 기억력, 주의력 등을 개선하고 간접적으로는 감정조절, 스트레스, 불안감 등을 줄일 수 있다.

최근 대학생 327명을 대상으로 실시한 연구에 따르면, 마음챙김 척도Mindful Attention Awareness Scale, MAAS에서 높은 점수를 받은 학생들이 코너 데이비슨 탄력성 척도(Connor-Davidson Resilience Scale)에서도 높은 평가를 받았다. 즉, 편협한 판단을 하지 않고 현 상황에 대해 집중할 수 있는 사람이 그렇게 하지 못하는 사람에 비해 어려운 결정과 감정에 더 잘 대처할 수 있다는 의미다. 이는 마음챙김이 불확실성과 도전을 잘 관리하고 실패와 좌절에 직면하더라도 다시 일어설 수 있게 도움을 주기 때문이다.

| **마음챙김** **명상훈련** | 우리는 수도원에서 수도사들이 수행하는 엄격한 명상을 이야기하는 것이 아니다. 명상은 마음 |

을 고취시키고 자아를 통제하고 휴밀리티에 기초한 행동을 가능하게 하는 여러 방법 중 하나이다. 한 연구에 의하면 하루에 20분씩 4일 동안 주의력 훈련을 한 참가자의 인지 테스트를 진행한 결과 인지능력이 개선되는 것이 확인되었다. 카밧진의 마음챙김 명상 프로그램은 현재 전 세계의 수많은 보건센터에서 널리 사용되고 있다. 여러 종류의 명상훈련 중 가장 기초적인 것은 편안한 자세에서 한 가지에 집중하는 것이다. 여기에서 말하는 한 가지는 호흡, 몸 등 신체의 일부가 될 수도 있고 좋아하는 것, 감사하는 것, 연민하는 것 등과 같은 긍정적인 감정이 될 수도 있다. 명상은 마음이 무의식적으로 다른 생각을 끌어들여 집중력을 흩트리는 것을 차단하는 역할을 한다. 명상은 생각과 집중력을 의식적으로 분리하여 집중하고자 하는 것에 집중할 수 있게 도움을 준다. 결과적으로 훈련을 통해 마음을 다스려 집중하고자 하는 것을 통제할 수 있는 능력을 향상하기 위함이다.

명상을 지속적으로 하다 보면 집중력에 방해가 되는 생각과 감정을 선택적으로 통제할 수 있는 능력을 갖게 될 것이다. 마음챙김 훈련은 어떤 생각에 영향받지 않고 생각이 그냥 지나가도록 하는 능력을 갖도록 도움을 준다. 우리는 모든 생각을 믿거나 받아들일 필요는 없다. 또한 자동적으로 '자아'(즉, 자신과 자신의 생각이나 감정을 먼저 생각하는 경향)에 집중하는 마음과 행동을 선택하지 않아도 된다. 마음챙김을 통해 갖게 되는 능력은 열린 마음, 숙고적인 경청, 감성적으로 다른 사람과의 관계 등에 매우 중요한 역할을 한다. 또한 훈련을 통해 마음과 생각을 다스릴 수 있다면, 다른 사람과 협력하고 비판을 받아들이는 등 실패에 대한 불안감을 최소화할 수 있다. 옥스포드대학의 임상심리학 교수 마크 윌리엄스 교수는 『마음챙김 Mindfulness』에서 마음챙김에 대해 다음과 같이 설명하고 있다.

마음챙김을 통해 생각이 들어오고 나가는 것을 느낄 수 있다. 즉 생각은 스쳐가는 것일 뿐 내가 아니라는 것을 알게 된다. 생각이 얇은 공기처럼 마음에 들어왔다 비누방울 터지듯이 사라지는 것을 경험하게 된다. 생각과 감정(부정적인 감정을 포함한다)은 순간적인 것이라는 점을 알게 된다. 생각은 오락가락하며, 궁극적으로 생각에 따라 행동할지 안 할지에 대해 선택은 내게 있다는 것도 알게 된다.

윌리엄스는 마음챙김이 우리를 지배적이고 분석적인 '행동모드'에서 '존재모드'로 변하게 하여 어떤 상황이든 선명하고 명확하게 상황을 파악하고 평가할 수 있게 한다고 말한다. 어떤 본능적 반응도 없이 '존재모드'에서 다른 사람의 의견을 듣는다면 어떤 일이 일어날지 한번 상상해보기 바란다. 또한 당신이 속해 있는 팀의 팀원이나 조직원들이 존재모드로 혁신적인 생각과 문제 해결 시 창의력을 발휘할 때 어떤 변화가 있을지 상상해보기 바란다. 브레인스토밍brainstorming, 대안 탐색, 고객 참여 등을

---

* 국내에는 『8주, 나를 비우는 시간』으로 소개되었다.

하는 데 개방적이고 정돈된 마음으로 완전한 '존재모드' 로 집중하여 일을 수행한다면 어떤 결과가 발생할까? '존재' 를 위해 현실을 직면하는 것은 개인적인 의제를 가지고 행동하는 것과는 분명한 차이가 있다.

생각할 문제 💡

마크 윌리엄스가 한 이야기를 다시 읽고 생각해볼 필요가 있다. 그것은 개인에 맞게 변형될 수 있다. 그는 당신의 생각은 당신이 아니라고 말한다. 또한 당신의 생각과 감정(부정적인 것을 포함하여)은 순간적이고, 오락가락하며, 생각이나 감정을 행동으로 옮길지 말지에 대한 선택은 자신에게 있다고 한다. 이게 무슨 의미라고 생각하는가? 처음 접하는 이야기인가?

마음챙김을 시작했을 때, 나는 신세계를 경험했다. 내 마음 속에서 일어나는 일이 '나' 와 상관없다는 것을 마음챙김을 하기 전에는 이해하지 못했다. 그러나 마음챙김을 시작한 이후 마음속에 있었던 모든 일들이 단순한 생각이나 감정이라는 것을 깨달았고, 생각과 감정을 붙들어 두는 것은 내 선택이라는 것을 알게 되었다.

당신도 생각을 통제하고 선택할 할 수 있다고 생각하는가? 이에 대해 어떻게 생각하는가?

"마음챙김을 통해 세상을 우리가 원하는 대로 바라보거나 두려움의 대상으로 바라보는 것이 아니라 있는 그대로 바라볼 수 있게 된다" 고 윌리엄스는 말했다. 마음챙김을 통해 외부에서 받아들이는 정보를 본능적으로 자신의 상황에 맞게 왜곡하는 속도를 둔화시킬 수 있다. 마음챙김 훈련은 속에서 일어나는 생각과 행동을 명확하게 인식하고 습관적으로 자기합리화하는 사고방식을 최소화하기 위함이다.

마음챙김은 '모르는 것에 익숙' 해지는 방법이다. 카밧진이 말하는 '초보자의 마음'을 갖는 것이다. 즉, 완벽한 아이디어, 생각, 또는 전문성을 가지고 있더라도 열린 마음으로 다른 사람의 생각과 말을 듣고 좋은 아이디어는 수용하는 것이다. 비판적인 사고는 현실을 있는 그대로 보고 인식하는 것에서 시작된다. 혁신적인 사고와 창의력은 일반적으로 새로운 방법이나 지금까지 보지 못했던 것을 찾아야 하기 때문에 마음챙김을 통한 열린 마음이 필수적이다. 이외에도 마음챙김을 통한 자아통제는 감정의 영향력을 통제하여 감정에 얽매이지 않도록 도와준다. 또한 신체(심장 박동수, 맥박, 호흡 등) 활동을 둔화시켜 스트레스, 불안감, 편견 등이 없는 눈으로 세상을 볼 수 있게 도움을 준다. 마음챙김에 대한 과학적 연구는 명상을 통해 다음 사항에 도움이 되는 것이 확인되었다.

- 주의력 향상.
- 미묘한 신체 활동 및 변화에 대한 인지능력 향상.
- 감정 조절 향상.
- 자기 자신에게 몰두하지 않고 자기중심적이지 않음.
- 감정적 방어력을 약화시킴.
- 면역 기능 향상.
- 긍정적인 감정은 강화시키고 부정적인 감정은 약화시킴.
- 경험에 대한 감정적 반응을 약화시킴.

- 편견/감정 없는 감각적 인식 강화.
- 인지능력 강화.
- 심장 박동수, 혈압, 호흡 등 신체 리듬을 안정적으로 유지.
- 차분한 심리상태 유지.
- 감정 자극(예를 들어 불안과 공포)에 반응하는 뇌의 영역인 편도의 활동을
  억제.

나는 지난 2011년부터 마음챙김 명상이 비즈니스계와 언론의 관심을 받기 시작하면서 마음챙김에 대한 탐구를 본격적으로 시작했다. 이전에도 명상에 대한 많은 관심을 가지고 있었고 특히 동양철학이 아주 흥미롭게 느껴졌지만 시도는 하지 못했었다. 시도하지 못했던 이유는 이전까지 명상을 매트 위에서 힘든 자세로 무의미한 말을 외치는 것으로 생각했기 때문이다. 나는 명상에 대해 왜곡된 편견을 가지고 있었다.

그러나 2013년 레이 달리오의 영향으로 명상에 대해 심도 깊은 연구를 시작하게 되었다. 달리오는 명상이 자신의 인생과 사업에 기초가 된다고 믿고 있다. 달리오는 비틀즈의 인도 방문이 자신이 젊었을 때부터 명상을 시작하게 된 계기였다고 말한다. 그는 매일 최소 20분 동안 명상을 하는데, 힘든 하루가 예상될 때는 약 40분 동안 한다고 한다. 브리지워터에 대해 더 깊은 연구를 하면 할수록 달리오는 학습과학을 기초로 한 조직문화와 프로세스를 활용하여 임직원의 자아방어와 공포를 완화시키는 조직을 디자인했다는 것을 확인할 수 있었다. 달리오는 과학적인 근거를 통해 모든 일을 진행했고 사려 깊고 자아통제가 가능한 사람이었다. 그는 이 모든 것을 명상을 통해 시작했다고 한다.

- 마음챙김 명상에 대해서 어떻게 생각하는가?
- 명상의 혜택에 대한 과학적 조사 결과에 대해 어떻게 생각하는가?
- 조사연구 결과가 자아통제를 갖게 되는 것과 어떻게 관련이 있다고 생각하는가?

　회사 내에서 행동은 하지 않고 방법만 이야기하는 사람은 말과 행동이 다를 수 있기 때문이 경계해야 할 대상이다. 그래서 나는 성공한 경영인이나 지도자들을 만날 때마다 회의적인 태도로 임한다. 나는 그들이 영업사원처럼 말하는 근거 없는 자기 자랑에 현혹되지 않도록 훈련했다. 내가 달리오의 모든 회의 기록(브리지워터에서 모든 회의를 기록으로 남김)을 읽고 2일 동안 회사를 방문하여 대화를 나누고 그의 행동을 관찰하면서 달리오는 '진짜' 라고 확신하게 되었다. 그는 자신이 만든 회사의 '원칙' 을 직접 행동으로 보여주는 사람이었다. 이런 확신 속에서 명상에 대한 그의 수없이 많은 긍정적인 효과를 알게 되면서 나도 명상을 시작하게 되었다.

　카밧진의 책 『초보자를 위한 마음챙김Mindfulness for Beginners』과 친구이자 마음챙김을 가르치고 훈련하는 릴리 파월이 준 CD를 가지고 훈련을 시작했다. 내게 맞는 자세를 고심하다, 운동 매트 위에서 눕는 자세를 찾았고 호흡에 집중하다 비판적 마음에 사로잡혀 명상을 잘못하고 있다는 생각이 들었다. 나는 명상을 시작하자마자 다양한 잡념에 빠져 들기도 했다. 명상 중 다른 잡생각을 하기 시작하면 지금 하는 생각은 명상에 방해가 된다고 속으로 말하기 시작했다. 내 마음은 마음이 가장 잘하는 수다를 떨고 있었던 것이다.

나는 단기간에 생각을 통제할 수 있다고 자신했었다. 그러나 계속되는 잡생각에 명상에 대한 효과를 보지 못했고 잘못된 자신감을 가지고 있었음을 깨달았다. 또한 무언가를 놓치고 있다는 생각이 들었다. 그래서 명상에 대해 더 자세히 연구했고 마크 윌리엄스의 책을 발견했다. 윌리엄스는 8주간의 명상 계획을 이야기했다. 나는 명상을 시작하면서 호흡에 너무 많은 시간과 생각을 허비했었다. 내가 명상을 하면서 겪고 있는 어려움과 잡생각은 모든 초보자가 경험하는 정상적인 현상이었다. 마음속의 고요함을 찾기 위해서는 많은 시간과 연습이 필요하다는 것을 깨달았다.

나는 또 다른 훈련 방법도 알게 되었다. 초대받지 않은 생각을 인식하고, 비누방울처럼 움직이게 하면서 의도적으로 호흡에 집중하는 훈련이다. 초기에는 5분이 내 한계였다. 5분이 지나면 내 마음은 잡생각으로 꽉차 있었다. 그러나 훈련을 지속했고, 얼마 지나지 않아 하루 10분까지 가능하게 되었다. 몸에 집중하는 것도 실험하게 되었고 발가락부터 시작하여 온몸의 움직임과 상태를 정밀하게 검사할 수 있었다. 그리고 심장박동에 집중하려고 노력했다. 어디서 읽거나 배우지 않았지만 내가 하고 있는 명상이 옳은 방법처럼 보였다. 심장박동에 집중하면서 다음 단계로 나아갈 수 있게 되었다.

연습을 시작한 지 약 2달이 지난 어느 날 아침이었다. 심장박동에 집중하여 마음과 몸이 조용해지면서 맥박이 이빨에서 뛰는 것을 느꼈다. 이상하게 들릴 수 있지만, 명상에 집중하여 마음의 고요함을 달성하면 심장이 이빨 속에서 뛰는 것처럼 마음과 생각을 컨트롤할 수 있다. 이 경험은 처음으로 장시간 명상을 가능하게 했으며, 명상을 시작한 이후 최고를 경험했다. 신기한 경험이었으며 명상을 계속하게 하는 동기가 되었다. 명상시간을 조금씩 늘려가면서 하루에 15분까지 도달하게 되었을 때 내 마음에 고요함이 증가하고 있다는 흥미로운 사실을 깨달았다. 생각은 마음의 고요함을 방해한다. 명상에 집중하여 생각을 물처럼 흐르게 할 수 있는 능력을 키웠고 생각은 점점 빠르게 흘렀다. 잡생각이 명상시간을 지배하지 않도록 했고 생각과도 교제하지 않도록 마음을 통제했다. 훈련이 거듭될수록 마음을 간섭하는 생각은 비누방울처럼 빠르게 사라졌다.

명상을 시작한 지 1년 정도가 지났을 때, 또 다른 놀라운 경험을 했다. 명상을 마친 후 매트 위에서 다리를 서로 교차한 후 몸을 뒤로하고 배에 힘이 들어가는 운동을 습관적으로 했었다. 놀라운 것은 늘 하던 자세가 끝날 쯤에 새로운 아이디어가 떠올랐다. 새로운 아이디어는 내가 가지고 있던 문제를 해결해주는 아이디어였다. 매번 명상이 끝날 때쯤 새로운 아이디어가 떠올랐다. 이것은 케이크의 장식처럼 삶에 새로운 재미를 주는 일이었다.

지금은 하루에 규칙적으로 약 30분 동안 마음챙김 명상을 하고 있다. 또한 몸과 마음이 너무 급하게 움직인다고 느낄 때면 2~3분 정도의 미니 세션 명상을 한다. 짧은 시간에 마음을 다스리기는 쉽지 않았다. 그러나 시간이 지나면서 지금은 미니 세션으로도 자신을 컨트롤할 수 있게 되었다. 스트레스가 많고 논쟁이 예상되는 회의에 참석하거나 자기중심적이고 경쟁이 심한 사람들과 일하기 전 나 자신을 다스리기 위해 미니 세션을 실시하고 있다.

명상을 경험하면서 내 생각과 감정은 내가 아니고 내가 통제할 수 있는 대상이라는 것을 알게 되었다. 생각을 그냥 스쳐 지나가게 하거나 아니면 어떤 의무를 부여하는 선택권은 나에게 있다는 것이다. 과거 내 생각에는 항상 내가 있었다. 그러나 명상을 통해 마음속의 고요함을 찾으면서 현실을 정확히 파악하고 판단할 수 있는 눈을 갖게 되었다. 또한 마음속의 고요함은 생각 없는 텅 빈 상태가 아니라 자존심과 왜곡된 정보로 가려졌던 새로운 생각과 아이디어를 찾아 창의적이고 혁신적인 사고를 가능케 한다. 마음챙김 명상은 물리적으로 심장 박동수를 낮추고 몸 속 변화를 감지하여 감정에 의해 방어적으로 행동하지 않고 과민반응에 더욱 민감하게 만든다.

마음챙김 명상은 그 무엇보다 자존심을 억제하여 휴밀리티를 받아들일 수 있게 한다. 개선된 사고, 경청, 관계, 협력 등에 도움을 준다. 마음챙김 명상은 다른 사람들이 이야기할 때 감정을 진정시키고 의미 있는 회의와 좋은 결과를 이끌어 내는 데 도움이 된다. 이상한 소리처럼 들리겠지만, 모두가 성공을 위해 정신없이 시간에 쫓기면서 다급하게 살아가는 동안 나는 속도를 늦출 수 있게 된 것에 감사함을 느꼈다. 느려지는 것은 나를 고요하게 만들고 한 번 집중할 때 집중력을 높여 생산성을 극대화했다. 생각과 마음의 통제가 가능해지자, 모든 일과 관계는 물처럼 자연스럽게 흘러가기 시작했다.

급격하게 변하는 현대 사회에서 살아남기 위해 서두르지만, 급한 마음은 실수로 이어진다. 반복되는 실수는 나를 소극적으로 변하게 한다. 실수를 외면하고 회피하기 위해 나는 내면에 더욱 집중하여 더 예민한 감정적 반응, 자신을 방어하려는 성향, 닫힌 마음 등을 갖게 한다. 이런 현상은 쳇바퀴처럼 또 다른 실수로 이어지고 악순환은 꼬리를 물고 지속된다. 그러나 마음챙김 명상을 통해 심장박동 수와 호흡의 속도, 체온, 그리고 생각이 마음을 통과하는 속도 등에 매우 민감해져 제어와 통제가 가능하다. 실수를 하더라도 흥분하지 않고 옳은 판단을 할 수 있도록 자신을 통제할 수 있다.

나는 마음챙김 명상을 시작할 수 있도록 도와준 레이 달리오에게 감사한다. 명상은 나를 변화시켰다. 명상의 과학적인 장점들은 명확하며, 마음챙김은 자아를 통제하는 데 도움을 준다는 것이 개인적인 경험을 통해 재확인되었다.

> ### 생각할 문제 💡
>
> • 내가 마음챙김을 통해 사고와 행동을 하고 있는지는 어떻게 알 수 있을까?
> • 우리 중 약 50퍼센트는 마음챙김을 하지 않는다는 연구 결과에 대해 어떻게 생각하는가?

자아를 진정시키는 일상적 방법

명상은 마음챙김을 위한 하나의 방법이다. 명상 외 다른 방법으로도 자아를 진정시킬 수 있다. 나는 자신의 자아를 조용히 하고 '다른' 것에 집중하는 데 도움이 되는 자극요소가 필요하다고 생각했다. 그래서 어느 날부터 내가 보내는 모든 이메일에 'Ed'가 아닌 'ed'로 서명해야겠다고 마음을 먹었다. 아주 작고 단순한 변화이지만, 나에게는 의미가 있는 행동이었다. 3장에서 논의한 '평범 원칙'을 받아들이는 나만의 방법이다. 나는 '이 지구의 수십억 명 중 한 명일뿐, 내 마음 속의 영웅이 될 필요가 없다'

라고 생각했다. 이름을 소문자로 쓰는 것은 이 세상에 '내가 전부는 아니다. 나는 이 세상의 작은 일부분이다' 라는 것을 깨닫게 해주는 나만의 방법이었다. 나는 작은 'ed' 이지 큰 'Ed' 가 아니라는 의미이다. 여러분 중 일부는 이것이 이상하다고 생각할 수 있다. 나를 따라할 필요도 없다. 자아를 통제할 수 있는 당신만의 방법을 찾으면 된다.

이름을 소문자 'ed' 로 서명하면서 또 다른 영향을 받았다. 긍정적인 어투로 메일을 작성했는지, 내 주장을 펼치기 전에 메일을 읽을 상대방과 소통이 가능하도록 노력했는지에 대한 여부를 확인하기 시작했다. 메일을 보내기 전 한 번 더 읽게 되었다. 작성한 메일을 읽으면서 상대방에게 안부를 묻고 이름으로 호칭하고 상대방의 기분을 좋게 하려고 노력했는지 등을 다시 한 번 확인하게 되었다. 이 작은 변화는 시간이 조금 더 걸리지만, 내가 보내는 메일이 글자가 아닌 메시지라는 것에 초점을 두고 있다. 이런 행동은 내 안에 있는 자율주행모드가 작동되지 않도록 도와준다. 우리가 전달하는 메시지 중 85퍼센트 이상은 단어의 의미보다 전달되는 방식과 어조에 의해 의사소통이 된다는 사실은 미시간대학 경영학 및 심리학 교수 제인 더턴의 연구에 의해 확인되었다.

내가 시작한 또 다른 방법은 미팅에 들어가기 전에 모든 행동을 잠시 멈추고 심호흡하면서 "내 아이디어는 내가 아니다" "내 정신적 모델은 현실이 아니다", 그리고 "나는 이 모든 것의 중심이 아니다" 라고 여러 번 말하는 것이다. 짧은 심호흡을 통해 마음을 평온하게 하고 마인드 컨트롤을 한 상태에서 미팅에 임하는 것이다. 열린 마음으로 다른 사람의 말을 경청할 수 있는 상태에서 미팅에 참석하려고 노력한다. 미팅이 끝난 후에는 미팅을 재현하면서 나 자신에 대한 평가를 한다. 내가 방어적으로 행동을 했거나 심한 논쟁을 하고 다른 사람의 말을 안 듣기 시작했을 때의 느낌을 재현해본다. 내 자신을 평가하고 상황을 재현하면서 맥박을 더 빨리 뛰게 하고 얼굴이 붉어지거나 몸이 경직되어 '공격' 적으로 변하게 만드는 트리거trigger를 찾는 것이다. 트리거를 찾아내서 통제할 수 있다면 어떤 논쟁과 미팅에서도 좋은 감정으로 대처하고 실수를 최소화하여 좋은 성과를 만들 수 있다.

| **감사하는 연습** 자아통제를 연습하는 또 다른 방법은 감사다. 많은 연구가 감사는 면역체계를 개선하고, 혈압을 낮추며, 긍정적인 생각을 오랫동안 지속하게 하는 효과가 있다고 지적하고 있다. 또한 스트레스와 불안감, 우울증 등을 감소시키는 효과가 있어 신체와 정신건강에 도움이 된다는 것도 증명되었다. 한 연구에 따르면 감사와 휴밀리티는 상호보강적인 효과가 있는 것이 확인되었다. 감사는 시간을 투자하여 다른 사람으로부터 받은 도움에 감사를 표현하는 것이다. 감사하기 위해서는 다른 사람의 행동과 가치에 집중해야 한다. 감사는 '타자성' 을 갖게 한다. 감사는 또한 마음챙김 명상과 마찬가지로 연습을 통해 개선될 수 있다.

감사를 연습하기 위해 감사일기를 써보는 것도 좋은 방법이다. 일기 쓰기도 방법이지만 머릿속으로 감사한 내용을 생각해보는 것도 훈련이 될 수 있다. 또한 미팅 후에 미팅 결과 및 진행 여부에 대해 참석자들에게 피드백을 받고 좋은 미팅과 소중한 시간을 내준 것에 대해 감사를 표하는 것도 하나의 방법이 될 수 있다.

자신의 삶에 긍정적인 영향을 미친 사람을 생각해보기 바란다. 그 사람을 생각할 때 어떤 느낌이 드는가? '내가 전부가 아니다' 라는 느낌을 갖게 하는가?

생각할 문제

- 어제 도움을 준 사람에게 "도와줘서 고맙다"고 감사함을 표현했는가?
- 당신은 얼마나 자주 친구, 소중한 사람, 자식 등에게 당신의 삶의 일부가 되어 준 것에 대해 고마운 마음을 표현하는가?

감사를 통해 자아통제를 하는 목적은 감사를 얼마나 잘하고 있는지에 대한 평가를 하기 위한 것이 아니다. 많은 사람들은 감사를 많이 하면 긍정적이고 행복한 결과를 얻을 수 있다고 생각한다. 바바라 에렌라이히는 뉴욕타임스와의 인터뷰에서 이런 감사에 대해 자기중심적이고 이기적인 면이 있다고 지적했다. 진정한 감사는 다른 사람의 가치와 도움에 대해 감사하고 타인의 중요성을 인식하는 것이다. 타인의 중요성을 인정하는 것은 자신에게 몰두하지 않고 자아를 통제하여 사고력, 학습능력, 관계구축 등을 향상시키게 될 것이다. 올바른 감사는 행복뿐만 아니라 스마트 머신 시대에서 성공하는 기초가 될 것이다.

생각할 문제

- 당신은 자아통제에 대해 어떻게 생각하는가?
- 자아통제가 당신의 비판적 사고에 어떤 도움이 되는가?
- 자아통제가 당신의 창의적이고 혁신적인 사고에 어떤 도움이 되는가?
- 자아통제가 다른 사람들과 감정적인 관계 구축과 협력에 어떤 도움이 되는가?

Chapter 5

자기관리
사고와 감정

    자기관리(사고와 감정관리)는 스마트머신 시대에 필요한 역량이 요구하는 높은 수준의 사고와 행동에 도움을 준다. 우리는 지식을 테스트하고 새로운 데이터가 제시되면 신념을 수정할 수 있는 열린 마음을 가지고 있어야 한다. 자기관리는 실수에 대한 두려움을 극복하여 실수를 통해 배우고 자기 것으로 만드는 것을 가능하게 한다. 또한 자기관리는 효과적인 대인관계와 타인과의 협력에도 도움이 된다.

    자기관리란 심리학적 개념인 '자기제어'와 '자기통제'에서 비롯된 자신의 감정, 생각, 행동 등을 모니터링하고 관리하는 것을 의미한다. 우리는 자기제어와 감성적 지능을 매일 사용하고 있다. 예를 들어 일에 집중하기 위해 주변에서 일어나는 일을 무시하거나, 후회할 만한 말은 하기 전에 스스로 제어하는 행동 등이다. 우리 중 일부는 자기를 관리하고 통제하는 일에 능숙한 사람도 있을 것이다. 하지만 일반적으로 기본적인 인간성을 제어하는 일(두려움, 편견, 본능적인 행동 등을 통제하는 일)은 쉽지 않다. 우리 모두 감정에 휩싸여 하지 말아야 할 말이나 행동을 해서 후회한 적이 있는 것처럼 말이다.

스마트머신 시대에서는 자기관리를 잘해야만 한다. 자기관리를 잘하기 위해서는 자존심과 욕심을 내려놓고 자신의 강점, 약점, 실수 등 장점과 단점을 받아들일 수 있어야 한다. 휴밀리티를 체화하고 있으면 사고와 감정의 관리가 수월해진다. 지속적으로 노력한다면 자기관리도 잘할 수 있다.

'천천히'에서 오는 과학과 예술성

먼저 자신을 관리하는 기본적인 요소에 대해 이야기를 해보자. 천천히 속도를 줄이는 것을 이해하기는 쉽지만 행동으로 옮기는 것은 어렵다. 당신은 속으로 '천천히 가라고? 그럴 수는 없어' 라고 생각할 수 있다. 당신이 속도를 늦출 수 없는 이유는 경쟁상대보다 더 효율적이고 높은 생산성을 실현시키지 않으면 경쟁에서 뒤처진다고 생각하기 때문이다.

내가 많은 사람들에게 '천천히' 라는 개념을 설명했을 때 대부분의 사람들은 이와 같은 반응을 보였다. 그 이유는 한정된 자원으로 더 많이, 더 빨리 해야 하는 문화적 압박에 직면하고 있기 때문이다. 그럼에도 불구하고 잠시 생각할 필요가 있다. 스마트머신 시대에 필요한 모든 역량과 기본 행동을 수행하는데 '천천히' 가 얼마나 중요한 부분을 차지하는지 한번 생각해 보기 바란다. 속도를 줄여야만 자동적으로 떠오르는 생각이나 행동을 통제하고 신중하게 행동할 수 있다. 또한 속도를 줄여야 자아와 생각을 통제하고 시스템적 사고 2와 다른 사람들의 생각을 진심으로 경청하고 고려할 수 있다.

자신을 관리하는 첫 번째 단계는 어떤 일이 발생했을 때 즉각적인 반응을 보일지 아니면 시간을 가지고 깊게 생각하고 행동을 할지에 대한 판단이다. '천천히' 하는 것은 게으름, 비능률, 생산성 저하 등 특정 작업이나 직업에 대한 속도를 늦추는 것이 아니다. 우리가 말하고자 하는 것은 마음챙김과 같은 개념이다. '천천히' 충분한 시간을 가지고 주의를 기울여 반사적 인지와 정서적 반응을 억제하는 것을 의미한다. 우리의 경험에 따르면 '천천히' 자신을 관리하면 인지적 반응이 '자율주행모드'에서 '의도적인 사고모드'로 전환하는 시기를 더 쉽게 파악할 수 있다. 인지적 반응에 대한 파악이 가능하면 자아통제가 쉬워진다. 또한 자아통제가 쉬워지면 열린 마음을 가질 수 있고 편견이나 도전적인 생각으로부터 자기 자신을 방어하려는 의식과 거부감을 통제할 수 있다.

'천천히' 하는 것은 당신의 신체적 변화를 인지하고 민감하게 반응하는 것을 요구한다. 예를 들어 당신의 심장박동 속도, 체온, 근육 압박감, 긴장감, 호흡 속도, 스트레스, 위협적으로 느끼는 감정 등 다양한 감정과 몸의 변화에 민감해지는 것이다. 우리의 신체적 신호는 조기경보가 될 수 있기 때문에 우리 몸에 주의를 기울일 필요가 있다. 몸이 주는 신호에 민감하면 행동을 늦추고 생각과 감정을 관리할 수 있는 기회를 얻을 수 있다.

---

* Chapter 1에서 언급한 카너먼의 두 개의 생각 시스템 중에 하나인, 느리고 신중하며 노력이 필요한 추론 과정.

생각을 관리하는 방법

생각에 관한 책은 수없이 많다. 생각에 관한 책은 비판적인 사고 방법과 디자인적 사고도구를 활용한 혁신적인 사고방식, 창의력을 향상시키는 방법 등 다양한 분야를 다루고 있다. 또한 문제해결 방법에 관한 책도 많이 출판되어 왔다. 과학적인 문제해결 방법론을 활용한 실험방법, 다른 사람들이 보지 못하는 통찰력을 통해 문제를 보는 방법, 전략적 사고방법 등 다양하다. 그러나 이 책에서는 이러한 세부사항에 대해 깊게 논의할 수는 없다. 이 책의 끝부분에 내가 생각하는 가장 좋은 '방법'을 설명하는 책에 대한 목록이 있으니 참고하기 바란다. 이 장에서는 우리에게 도움이 되는 특정 접근법과 도구에 대해 논의하고자 한다. 우리는 여러분이 이번 계기를 통해 생각에 대해 많은 책을 읽고 자신에 맞는 생각도구와 프로세스를 만들어 일상생활에 활용하길 바란다.

'생각하는 방법'을 관리하는 것은 뉴 스마트의 기본이다. 자신의 모든 신념(가치가 아님)을 가설로 취급하고 테스트하여 새로운 데이터에 의해 수정해 나가는 것은 높은 수준의 사상가로 발전해가는 가장 기본적인 단계이다. 이는 훌륭한 과학자처럼 생각하는 것이다. 아마존의 창업자 제프 베저스는 훌륭한 리더와 나쁜 리더의 차이점은 지속적인 자기 점검에 있다고 언급했다. 훌륭한 리더는 변하는 환경 속에서 자신의 비즈니스 프로세스와 모델의 유효성을 판단하기 위해 지속적으로 가설을 테스트한다. 즉, 훌륭한 리더는 지금은 문제가 없더라도 산업환경과 외적환경의 변화를 미리 감지하기 위해 평가를 지속적으로 수행할 필요가 있다는 것이다.

다음 질문으로 시작해보자.

'당신은 어떻게 생각하는가?'

위의 질문은 시스템적 사고 2 '의도적인 사고'에 대한 필요성과 이에 대한 선택권은 본인에게 있다는 것을 가정한다. 또한 당신이 생각하는 방법(어떻게)은 당신이 처한 특정 상황에 달려 있다. 비판적인 사고가 필요한 상황일 수도 있고, 혁신적 사고, 창의적 사고, 또는 이 3가지가 모두 필요한 상황일 수도 있다. 당신이 생각하는 방법을 탐구하는 데 도움이 되는 질문은 다음과 같다. 우리가 생각해야 할 것은 사고력이 뛰어난 사람은 자기만의 프로세스를 가지고 있다는 것이다.

- 당신은 목적에 따라 생각을 달리하는가?
- 비판적으로 생각하는 데 사용하는 프로세스가 있는가?
- 혁신적 또는 창의적으로 생각하는 데 사용하는 프로세스가 있는가?

흥미로운 것은 사고에 능숙한 사람들은 그러한 프로세스를 가지고 있다는 점이다. 당신의 생각을 관리하는 첫 번째 단계는 천천히 생각하고 시스템적 사고 2(고의적이고 의도적인 사고)가 필요한 상황을 인지하고 그런 상황에 민감해지는 것이다.

사고력을 관리하고 한 단계 높은 수준으로 끌어올리는 방법은 다음 다섯 가지 질문을 스스로에게 하는 것이다.

1. 나는 무엇을 하려고 하는가?

2. 내 생각의 목적은 무엇인가?

3. 내가 무엇을 알고 있는가?

4. 내가 알아야 하지만 모르는 것은 무엇인가?

5. 어떻게 시작해야 하는가?

생각할 문제

잠시 시간을 갖고 생각하기 바란다. 어떤 상황에서 신중하고 깊이 생각하기 위해 '천천히' 해야 할까? 우리가 생각할 수 있는 경우는 대략 아래와 같다.

- 고장나거나 원하는 대로 작동하지 않는 것을 고치려고 할 때
- 중요한 결정을 내려야 할 때
- 새로운 것을 이해하려고 할 때
- A 지점에서 B 지점으로 가는 방법을 파악하고자 할 때
- 다른 사람의 견해를 이해하려고 할 때
- 브레인스토밍할 때
- 실험할 때
- 숫자를 분석할 때
- 대안에 대한 장단점을 결정할 때
- 당신이 믿는 것과 그것을 왜 믿는지를 알아보고자 할 때
- 토론에 참여할 때

> • 당신의 일이나 다른 사람의 일이나 생각을 비판할 때
>
> 이외 다른 상황도 생각해보기 바란다. 특히 잦은 실수나 후회를 유발하는 상황을 생각해보기 바란다.

생각의 목적과 이유를 식별한 후, '생각도

생각도구 상자   구 상자'를 활용하여 상황에 맞는 의사결정 도구, 프로세스, 체크리스트, 템플릿 등을 찾아 활용하면 의미있는 결과를 얻을 수 있다. 생각도구 상자는 다음과 같다.

- 근본적인 원인 분석: 무엇이 문제이며 문제의 원인은 무엇인가? 이 분석은 일반적으로 '다섯 가지 이유Five Whys'를 사용한다. 왜 특정 일이 일어났는지 묻고, 문제의 근본적인 원인에 도달하기 위해 적어도 5번 이상을 반복적으로 묻는 프로세스다.
- 가정 검토: 어떤 가정과 추론을 하고 있는가? 어떤 추가적인 가정을 하고 있는가? 이러한 가정을 뒷받침하기 위해 어떤 데이터가 필요한가? 어떤 증거가 해당 가정을 부정할 수 있는가? 부정할 수 있는 증거를 찾아보았나?
- 비판적 사고도구: 아래 추가 설명
- '만약 그렇다면' 식의 사고방식: 내가 이것을 한다면 어떤 일이 일어날 것인가? 그 결과는 어떤 것들이 있을 수 있는가?
- 게리 클라인의 인지-결정적 의사결정 모델Gary klein's recognition primed decision model: 이 모델은 전문가가 상황을 평가하고 직관적인 문제해결 방법의 사용 여부를 결정하는 모델이다.

- 게리 클라인의 프리모텀: 다음 섹션에서 상세히 논의하겠다.

- 게리 클라인의 통찰 프로세스: 그의 책 『다른 사람들이 보지 못하는 것을 보는 것 $^{Seeing\ What\ Others\ Don't}$』에 설명하고 있다.

- 미 육군의 후속 조치 검토 $^{After\_Action\ Reaction}$, AAR: AAR은 우리 모두의 삶에 일상적인 도구가 되어야 한다. 매우 훌륭한 학습도구이며 사용하기도 편리하다. 스스로에게 '무슨 일이 있어났지?' '왜 이런 일이 일어났지?' '잘된 점은 무엇이 있을까?' '아무런 효과가 없었던 것은 무엇인가? 왜?' '다음에 무엇을 다르게 하면 될까?' 등을 물어보는 것이다. 이 작업은 불과 몇 분밖에 걸리지 않지만 동일한 실수를 피할 수 있는 좋은 방법이다.

- 디자인적 사고력: IDEO 또는 진 리드카의 책에서 말하는 도구를 사용한다.

- 쉽고 위험성이 낮은 인튜이트의 신속 실험(Rapid Experimentation) 프로세스를 사용한다.

- 창조적인 습관에 트와일라 타프의 독창성 도구: 배우고 그것을 삶에 적용한다.

- 키이스 소여의 『창의성의 설명 $^{Explaining\ Creativity}$』에 있는 창의력 도구를 사용한다.

그러나 위의 목록에만 국한된 것은 아니다. 다른 도구도 적용될 수 있다. 그러나 위의 목록은 당신이 생각관리를 하며 필요한 도구를 갖추는데 있어 좋은 출발점이 될 것이다.

---

* **Premortem**: 사전부검, 비지니스 용어로 프로젝트가 실패할 수 있는 이유가 무엇인지 논의하고 회의하여 생길 수 있는 문제들을 사전에 미리 파악하고 대비하는 것.

게리 클라인의 프리모텀

게리 클라인의 프리모텀Premortem 도구가 유용하다는 것은 누구나 알고 있다. 클라인은 불확실성과 스트레스가 존재하는 환경에서 의사결정을 내리는 방식에 대한 연구를 전문으로 한 심리학자이다. 많은 사람들이 프리모텀을 진심으로 사랑하고 그의 연구 내용을 활용하고 있다. 프리모텀 프로세스는 어떤 중요한 결정을 내리기 전에 결정의 결과로 발생할 수 있는 실패를 시각화하고 발생할 수 있는 실패에 대한 모든 원인을 목록으로 작성하는 것이다. 이 프로세스에는 두 개의 장점이 있다. 첫 번째는 발생할 수 있는 위험을 사전에 인지하고 차단할 수 있다는 것이며, 두 번째는 위험요소를 미리 구두로 설명하고 깊이 생각하고 인지하여 사전에 감지하고 대응할 수 있다는 점이다.

또한 문제가 발생하더라도 맹인처럼 문제를 보지도 못하고 당하지는 않을 것이다. 이미 상황 파악과 많은 생각을 거쳤기 때문에 위험을 인지하고 미리 대처할 수 있을 것이다. 클라인은 프리모텀을 편견을 확인하고 줄일 수 있는 몇 가지 도구 중 하나라고 설명한다.

비판적 사고 도구

비판적 사고를 돕기 위해 워크숍에서 내가 자주 사용하는 비판적 사고 도구와 의미를 파악하는 데 도움이 되는 짧은 연습문제를 소개한다.

비판적 사고의 목적

1. 편견, 정서적 방어, 실패의 위협 등을 완화하면서 합리적이고 (이유 있는) 논리적인 (사실에 근거한) 결정을 내린다.

2. 쟁점 또는 문제를 명확하게 정의하는 것: 문제를 명확하게 정의했는가? 문제의 근본적인 원인을 규명했는가?

3. 당신의 생각에 대한 분석: 당신의 가정과 추론을 재확인한다. 당신이 갖고 있는 가정과 추론을 믿는 이유는 무엇인가?

4. 신념, 가정, 추론 등에 대한 스트레스 테스트: 신념을 정당화하기 위한 충분하고 신뢰할 수 있는 데이터가 있는가?

5. 당신이 알고 있는 것과 모르는 것에 대한 목록: 무엇을 알아야 하는가?

6. 편견 없는(사실 그 자체) 시점: 확증 편향을 완화했는가?

7. 다른 관점을 찾고 고려하는 것.

8. 대안 검토: 잠재적으로 결정된 행동과 이에 대한 결과에 대해 3단계에 걸쳐 분석하고 다른 대안을 고려해봐야 한다.

9. 정확성에 대한 평가를 내리는 것.

10. 정확하지 않은 경우 발생할 수 있는 부정적 결과(위험)를 평가하고 완화할 수 있는 방법을 찾는 것.

11. 당신의 행동과 결정에서 기인한 학습: 다음에는 무엇을 달리할 것인가?

12. 당신의 감정과 직관적인 느낌을 감지하고 민감하게 반응하기: 당신의 느낌을 활용하여 잠정적으로 결정을 내린 것에 대한 정당성을 시험하는 것.

비판적 사고의 목적을 매일 사용하기 위해 우선순위를 정하는 것이 좋다. 위의 내용 중 당신에게 가장 중요한 5가지는 무엇인가? 비판적 사고를 하려면 시간을 투자하여 각 목적에 대한 의미를 깊게 생각해야 한다.

또한 이를 활용하기 위해서는 지속적으로 훈련해야 한다. 혼자 하는 것보다는 많은 사람과 함께 하는 훈련이 효과적이다. 그러나 비판적 사고의 목적을 현실화하기가 어렵다는 것을 발견하게 될 것이다. 어려운 이유는 자신의 비판적 사고방식에 대해 먼저 비판적으로 냉정하게 평가를 해야 의미 있는 우선순위를 설정할 수 있기 때문이다. 그러나 자신을 공정하게 평가하는 것 자체가 쉽지 않다.

비판적 사고에 대한 질문

1. 나는 무엇을 생각하고 있는가? 내가 그것을 믿는 이유는 무엇인가?

2. 원하는 결과에 도달하기 위해 어떤 가정을 하고 있는가?

3. 어떤 추측을 하고 있는가?

4. 추측이 사실이 되기 위해서는 어떤 정보들이 현실화되어야 하는가? 어떤 자료들이 이를 뒷받침하고 있는가? 그 정보의 출처는 얼마나 신뢰할 수 있는가?

5. 그러한 전제조건과 추론 또는 결론을 내리기 위한 충분하고(양적) 신뢰(질적)할 수 있는 증거가 있는가?

6. 어떤 증거가 가정과 추측 또는 결론을 반박할 수 있는가? 반박하는 증거들을 찾아보았는가?

7. 반박하는 증거들에서 어떤 다른 해석이나 의미를 찾을 수 있는가?

8. 어떤 대안을 고려해 보았는가? 각 대안에 대한 장단점은 무엇인가? X를 선택한 이유는 무엇인가?

9. 다른 관점에서 문제를 생각해 보았는가?

10. 결론을 내리기에 충분한 데이터가 있는가?

11. 이 행동에 동의하지 않는 사람이 있는가? 그 이유는 무엇인가? (모든 사람이 동의할 경우 결정이 매우 위험하다는 것을 시사함.)

12. 내가 이렇게 하면 어떤 일이 일어나는가? 이 일은 왜 일어나는가? 그 결과는 무엇인가?

13. 이해되지 않는 것이 있는가? 지금 하는 일이 옳다는 느낌이 드는가?

14. 결정이나 행동 과정에서 발생할 수 있는 모든 위험을 생각해 보았는가?

15. 우리가 맞을 확률은 얼마나 되는가?

16. 우리가 틀리면 발생할 수 있는 문제는 무엇인가? 발생할 수 있는 큰 문제점들을 사전에 방지하거나 헷지했는가?

17. 자기이익 편향은 고려해 보았는가? 확인된 편견은? 유효성은? 과신은? 손실 회피(혐오)는?

위의 질문에 대해 우선순위를 정해야 한다. 특정 질문을 통해 어떤 결론을 내리기는 어렵다. 그러나 우선순위를 정하는 이유는 비판적 사고를 효과적으로 관리하고 비판적 사고를 하는 방법에 대해 더 깊이 있게 생각하는데 도움이 되기 때문이다. 예를 들어, 브리지워터에서는 회사의 모든 상황에서 건강한 비판과 의미 있는 대화를 하기 위해 위와 같은 질문들을 활용한다. 질문을 함으로써 문제의 원인, 문제해결 과정, 해결책에 대한 평가와 유효성을 객관적으로 판단한다. 이번 섹션을 통해 당신이 '어떻게' 생각하고 '언제' 더 높은 수준의 사고가 필요한지 판단할 수 있는 기초를 마련하기 바란다. 매일 필요한 질문을 하고 깊은 생각을 하면 비판적인 생각을 하는데 도움이 될 것이다. 당신에게 '매일 물어야 하는 중요한 질문 7개는 어떤 것인가?

감정관리

우리의 학습을 방해하는 가장 큰 원인은 자존심과 두려움이다. 우리는 그동안 인간의 반사적인 감정방어와 인간의 방어적인 경향을 탐구했다. 또한 부정적인 감정이 우리의 행동과 사고능력을 약화시킬 수 있고, 긍정적인 감정은 이를 향상시킬 수 있다는 것에 대해서도 논의했다. 스트레스, 분노, 불안감 등은 닫힌 마음과 싸우거나 도망치거나 회피해 버리는 동물적 행동을 유발시킬 수 있다. 여기서 우리가 기억해야 할 것은 인간의 싸우거나 도망치거나 회피하는 반응은 단순히 포식자를 피하는 생존적 모드에 근거한 본능이라는 점이다. 이런 반응은 비판적인 사고, 문제해결, 틀 밖에서 생각을 해야 하는 혁신적인 사고, 학습을 위한 실험적 디자인 등에 아무런 도움이 되지 않는다.

긍정적인 감정은 건강과 행복뿐만 아니라 폭넓은 관심, 열린 마음, 고도의 집중력, 유연한 사고력 등과 연결되어 있다는 사실이 과학적으로 입증되었다. 이 모든 것이 창의력과 혁신적인 사고의 근간이 된다. 긍정적인 감정은 의사결정과 인지능력 향상에도 도움이 된다. 그렇다고 해서 긍정적인 감정만 유지하거나 고집할 수는 없다. 부정적인 감정도 느끼고 경험할 수밖에 없다. 그러나 부정적인 경험이 자신의 행동에 무의식적으로 영향을 미치거나 사고능력에 방해를 주는 일은 피해야 한다. 왜냐하면 우리는 우리의 감정이 미치는 영향력을 제어할 수 있는 능력을 가지고 있기 때문이다. 마음책임 명상은 우리가 특정 감정에 영향을 받지 않고 소화하는데 도움을 준다. 인지심리학자들은 우리의 인지 프로세스를 관리하는 과정을 설명하기 위해 메타인지라는 용어를 사용한다. 이 과정은 우리가 감정을 인식하고 의도적으로 대처하는 것을 의미한다.

다시 말하지만, 육체적인 단서에 주의를 기울여 감정의 영향력을 관리하는 것이다. 몸이 흥분하는 것을 느끼고, 스트레스를 받고, 불안하고, 싸우거나 달아나거나 회피하고 싶다는 것을 감각적으로 느낄 때, 감정이 행동적 반응으로 이어지지 않도록 통제하는 것이다. 통제할 수 있는 방법 중 하나는 심호흡이다. 그러나 단순히 아무렇게나 숨을 쉬는 것이 아니라 스트레스를 고의적으로 줄일 수 있는 방법으로 심호흡을 하는 것이다. 이 책을 계속 읽기 전에 이를 한번 시도해보기 바란다. 편한 자세로 앉거나 서서 천천히 4초 동안 숨을 들어 마시면 가슴이 부풀어 오르는 것을 느끼고 그 다음 4초 동안 천천히 숨을 내쉬는 것이다.

- 천천히 4번을 더 하라.
- 어떤 느낌인가?
- 심호흡을 하기 전과 후 달라진 것을 느낄 수 있는가?

---

* 자신의 인지 과정에 대해 생각하여 자신이 아는 것과 모르는 것을 자각하는 것과 스스로 문제점을 찾아내고 해결하며 자신의 학습과정을 조절할 줄 아는 지능과 관련된 인식.

심호흡을 한 후 대부분의 사람들은 어깨를 짓누르고 있던 무거운 짐이 없어진 것처럼 차분하고 편안해진다고 한다(과학적으로도 확인되었다). 단순한 심호흡이 여러분에게 미칠 긍정적인 효과를 생각해보기 바란다. 심호흡은 1분도 채 걸리지 않는다. 고차원적 사고가 필요하거나 다른 사람들과 장시간 동안 미팅을 하는 등 과도한 스트레스가 발생할 수 있는 상황에 들어서기 전 심호흡을 하여 자신을 컨트롤하는 것이다. 최고의 컨디션이 필요한 회의에 앞서 반드시 시도해 보길 바란다.

| **감정관리 도구 상자** | 감정을 관리하기 위해서는 하던 일을 잠시 멈추고 심호흡을 한 후, 다음 단계 |

인 인지 과정에 직접 관여해야 한다. 인간의 감정적 메커니즘은 우리 마음속의 인지와 밀접하게 얽혀 있다. 우리는 이런 점을 우리의 감정을 관리하는 데 유리하도록 활용할 수 있다. 위스콘신 메디슨대학의 심리학 및 정신과 교수 리처드 데이비슨은 "감정의 신경조직에 관한 이러한 사실은 우리가 어떤 감정을 경험할 때 우리의 인식과 생각이 왜 변하는지를 이해하는 데 중요한 함의를 지닌다. 이러한 점은 우리가 인지능력을 사용하여 감정을 의도적으로 조정하고 변형할 수 있게 해준다"고 강조했다.

우리가 '인지능력'을 활용하여 우리의 감정과 감정에 대한 반응을 관리할 수 있는 5가지 방법은 다음과 같다.

1 심리적인 거리감

자제력 전문가 월터 미셸은 자기 자신을 '벽에 붙은 파리'라고 상상함으로써 부정적인 감정에서 멀어질 수 있다고 설명한다. 이 방법은 어떤 문제를 공정하게 바라보기 위해 현 상황을 제3자에게 일어나는 일처럼 거리를 두고 상황을 바라보라는 것이다. 파리가 되어 일어나는 상황을 멀리서 바라보라는 것이다. 레이 달리오는 브리지워터의 직원들에게 비슷한 심리학적 개념인 거리조절 과정을 교육시킨다. 달리오는 직원들에게 자기 자신을 "높은 곳에 올라가서 바라보라고" 충고한다.

2 재구성하기

감정을 관리하는 또 다른 방법은 인식된 부정적인 상황을 재구성하는 것이다. 트와일라 타프는 이런 방법을 그녀의 베스트셀러 『창의적 습관The Creative Habit』* 에서 두려움에 직면하는 것이라 언급했다. "그 누구도 어느 정도의 두려움 없이 창의적인 일을 시도할 수 없다. 창의적인 습관의 열쇠는 시작을 하기도 전에 포기하게 만드는(자기도 모르게 떠오르는) 두려움을 관리하는 방법을 배우는 것" 이다. IDEO의 창립자 톰 켈리와 데이비드 켈리는 『창의적 확신』에서 "창의적 확신은 실패와 판단에 대한 두려움으로부터 자유로울 때 가능하다"라고 했다. 예를 들어 두려움이나 불안감을 느끼는 경우 그 공포가 무엇인지 정확하게 인식하고 공포심을 유발하는 상황에서 공포심을 줄여줄 수 있는 방법을 찾아 새로운 시각으로 바라보는 것이다. 새로운 시각을 갖기 위해서는 다음과 같은 질문을 해야 한다. 에모리대학

---

* 국내에는 『천재들의 창조적 습관』으로 소개되었다.

의 신경경제학 교수 그레고리 버른스도 그의 책『상식파괴자Iconoclast』에서 아래와 같은 재구성 기술을 권장하고 있다.

- 인사 및 업적고과와 평가를 두려움이 아닌 학습기회로 재구성할 수 있는가?
- 당신의 생각에 대한 비판을 활용하여 미래에 발생할 수 있는 실수에 대비할 수 있는 기회로 만들 수 있는가?
- 잘못된 결과를 경계함으로써 잠재적인 위험을 논리적으로 줄일 수 있는가?

브레인스토밍 세션에서 임직원들이 망신당하는 것을 두려워할 경우 창의적이거나 문제를 해결 방법이 나올 수 없다. 모든 사람이 자유롭게 이야기를 할 수 있을 때 창의력이 발휘된다. 따라서 임직원들의 두려움을 줄일 수 있는 논리적인 방법이 필요하다.

3 긍정적인 기억

감정을 관리하는 세 번째 방법은 긍정적인 기억을 생각함으로써 부정적인 감정에서 벗어나는 것이다. 이 과정은 스탠퍼드대학의 엔지니어링학과 교수이자 'd.school'의 설립자 버나드 로스가『성취 습관The Achievement Habit』에서 설명했고 하버드대학교의 신경과 교수 루디 탄지의 연구에서도 논의되었다. 루디는 우리 마음의 감정적인 자극을 늦추는 4단계를 제안했다.

- 감정의 초기 반응에 의해 행동하지 말라.
- 심호흡 하라.
- 현 감정 상태를 확인하고 인지하라.
- 과거의 행복하고 평화로웠던 일을 상기하라.

4 긍정적인 자기 대화

우리의 머릿속에서 말하는 이야기는 대부분 파괴적이거나 부정적이다. 우리는 머릿속으로 '지금 말하는 것은 바보 같은 짓이야' 또는 '무언가 잘못되고 있는 것 같다' 등 부정적인 면을 말할 때가 많다. 그러나 우리는 내부에서 말하는 것을 긍정적인 방향으로 의도적으로 바꿀 수 있다. 미시간대학의 심리학교수 이선 크로스는 자신과 이야기할 때 자신의 이름을 사용하면 목표를 달성하는데 큰 효과가 있다고 한다. 예를 들어, "나는 이것을 할 수 있다" 보다, 캐서린이 자신에게 "캐서린, 진정해. 너는 할 수 있어" 라고 제3자의 입장에서 말하는 것이 더 효과적이라는 것이다. 자기중심적으로 하는 것보다는 제3자의 입장에서 자신과 이야기하면 그 순간의 감정을 강하게 다스릴 수 있다는 것이다. 마음챙김처럼 자신에 대한 긍정적인 이야기는 자기 자신과 인식을 분리하여 관찰자로써 자신을 격려하는 효과를 얻을 수 있다.

5 만약 그렇다면(If-then) 이행 계획

미셸과 뉴욕대학의 피터 골위처와 가브리엘 오에팅겐 교수는 각자의 연구를 통해 '만약 그렇다면 이행 계획' 을 가지고 자신과 대화를 하는 경우 자기관리가 더욱 효과적이라는 것을 밝혔다. 예를 들어 누군가 당신의 생각에 도전하거나 실수를 부각하려고 하는 등 불안감과 스트레스를 유발하는 상황이 발생하기 전에 상황을 시각화함으로써 대응방안과 행동을 준비하여 능동적으로 관리하는 것이다. 즉 머릿속으로 X가 발생하면 자동적으로 Y를 행동으로 옮기는 것을 미리 생각하여 상황에 대응하는 것이다. 여기서 중요한 것은 일관성을 가지고 시각화하고 구체적인 계획을 세우는 것이다. 또한 연습을 해야 한다. 마음속으로 생각하고 큰 소리로 연습하며 머릿속에 주입해야 한다. 부정적인 피드백을 받더라도 '화를 내지 않겠다' 거나 실패하더라도 '포기하지 않겠다' 라고 생각하는 것은 무의미하다. 이런 식의 생각은 새해 결심을 3일 만에 포기하는 것처럼 효과를 보기 힘들다. 미셸은『마시멜로 테스트』에서 우리는 "창의력을 발휘하기 위해 계획을 세운다. 하지만 3일 만에 포기하는 계획을 정당화하게 위해 더욱 훌륭한 창의력을 발휘하여 변명을 만든다"고 한다.

생각할 문제

실패, 불확실성, 당혹감, 거절, 대중의 비웃음 등에 대한 두려움은 우리의 행동과 생각을 억제하기 때문에 두려움을 지배할 수 있어야 한다. 또한 위에서 언급한 도구를 최대한 활용해야 한다. 두려움을 지배하는 것이 쉬운 일은 아니지만, 매우 중요한 일이다. 아래 질문들을 한번 생각해보기 바란다.

1. 감정을 관리하기 위해 어떤 도구를 사용할 것인가?
2. 지금부터 연습을 시작하여 도구를 사용한 경험과 결과를 기록할 것인가?
3. 얼마나 많은 시간을 투자하여 자기 자신에게 가장 적합한 도구를 찾고 자신만의 '만약 그렇다면' 계획을 만들 것인가?

감성지능 EI

단순히 자신의 감정과 행동적 반응을 관리하는 것만 중요한 것은 아니다. 다른 사람들의 감정과 행동을 적절하게 이해하고 반응하는 능력도 갖추어야 한다. 타인과 자신의 감정 및 행동을 이해하는 것을 감정지능emotional intelligence, EI이라고 한다. 스마트머신 시대에서 우리에게 주어질 업무 중 상당부분이 소규모 팀에서 수행되기 때문에 EI가 매우 중요하다. 우리는 다른 사람들(즉 소규모 팀)과 함께 공동으로 생각할 때 최고의 비판적 사고와 혁신적인 사고가 가능하다. EI에 대한 개념은 1990년 예일대학의 피터 살로베이와 J. D. 메이어 교수에 의해 발전되었다. 그러나 불행히도, 그 이후로 EI는 언론과 '팝 심리학'에 의해 잘못된 방법으로 해석되고 활용되었다. 살로베이와 메이어가 개발한 EI의 정의와 진단 도구는 오랜 기간 동안의 잘못된 해석을 견뎌냈다. 그들은 진정한 EI를 "자신과 타인의 감정과 감성을 모니터링하고 정보를 감별하고 활용하여 적절한 사고와 행동을 유도하는 능력"이라고 정의했다. 그들은 EI에 대한 정의를 4개의 모델로 분리하여 설명했다.

1. 자신과 타인의 감정을 감지하고 구분한다.
2. 감정을 사용하여 추론, 판단 및 기억을 촉진하고, 문제를 해결하고, 다른 사람들과 의사 소통하고, 열린 마음을 조정한다.
3. 자신과 타인의 감정을 이해하고 분석한다.
4. 감정을 관리한다.

타인의 감정에 대한 민감도는 효과적인 협업에 중요한 역할을 한다.

카네기멜론대학의 테퍼Tepper 교수, MIT 및 유니언 칼리지의 연구원들은 그룹의 다양한 성과에 대한 설명을 '집단지성collective intelligence' 이라 불렀다. 집단지성의 능력은 그 집단을 구성하는 개개인의 인지능력보다 월등하다고 한다. 한 실험에서 특정 팀의 팀원들에게 시각적인 퍼즐, 협상, 브레인스토밍, 게임, 복잡한 규칙을 기반으로 하는 디자인 등과 같은 다양한 과제를 부여하여 팀의 능력을 평가했다.

해당 실험을 통해 연구원들은 집단지성이 그룹 구성원들의 IQ를 뛰어넘으며, 집단지성은 구성원들의 지적 수준과 아무런 상관관계가 없다는 것을 발견했다. 집단지성의 수준을 결정짓는 3가지 요소는 ① 집단 구성원의 '사회적 민감성' 의 수준(서로의 감정을 얼마나 잘 인지하는지); ② 대화의 평등성, 즉 평등하게 말할 수 있는 기회가 주어졌는지; 그리고 ③ 집단 내 여성의 비율과 상관관계가 있다는 것을 확인했다. 이러한 요소들은 팀이 직접 대면하여 일을 하거나 온라인으로 하는 것과 관계없이 일정했다. 여성의 비율이 그룹의 성과에 긍정적인 상관관계가 있다는 것이 가장 흥미로웠다. 여성의 비율은 높을수록 그룹의 사회적 민감도가 높아지고 질서 유지에 큰 역할을 하는 것이 확인되었다.

사회적 민감도는 대화에서 사회적 단서와 맥락을 인식하고, 다른 사람의 감정을 읽고 공감할 수 있는 능력을 갖는 것이다. 이는 타인의 관점을 이해하기 위해 타인의 관점에서 생각할 수 있는 능력 등을 포함한다. 우리 중 일부는 다른 사람들보다 사회적 민감도가 더 높을 수는 있지만, 우리 모두 개선할 여지는 있다. 개선하기 위해 생각과 행동을 천천히 하고 마음챙김을 연습하는 것도 좋은 방법이 될 수 있다. 지금까지 거론된 모든 행동과 기술처럼 사회적 민감도를 향상시키는 것이 중요함을 이해하고 실행으로 옮겨 지속적으로 훈련해야 한다. 휴밀리티를 통해 자기중심에서 벗어날수록 사회적 민감도가 높은 행동을 실행으로 옮기는 것이 수월해진다. 사회적 민감도는 효과적인 협업의 핵심적 요소이기 때문에 반드시 실행되어야 한다. 스마트머신 시대에서의 성공은 특정 개인이 아닌 공동의 노력이 될 것이다. 가장 성공적인 팀은 협력을 잘하는 팀이 될 것이다.

당신은 학교에서 EI 수업을 들은 적이 있는가? 아니면 따로 EI 교육을 받았는가? 감성지능 검사^{Mayer_Salovey_Caruso Emotional Intelligence Test}, MSCEIT를 받은 적이 있는가? 아마 우리 중 상당수는 정서적 지능에 대해 훈련이나 교육을 받지 못했을 것이다. 나도 이런 훈련을 받은 적이 없었다. 그 결과 감성작용 방법에 대한 이해나 감성을 관리할 수 있는 방법 등에 대한 지식이 전혀 없었다. 나는 젊었을 때 생각하지 않고 감정을 표현해 아내와 말다툼을 한 적이 많다. 그럴 때마다 아내는 "나쁜 감정 때문에 꼭 나쁜 행동을 할 필요는 없어요. 그렇지 않아요?"라고 말했었다. 그러나 나는 그때 솔직히 아내의 말을 이해하지 못했다. 내가 만약 그것을 조금만 일찍 이해했다면 부부싸움의 횟수가 훨씬 줄어들었을 것이다. '내 생각은 내가 아니라는 것'과 '내 정신적 모델이 현실이 아니라는' 것을 배워야 했던 것처럼 '나는 내 감정이 아니다'라는 것을 깨달아야 했다. 내 감정에 어떻게 반응하고 내가 하는 행동에 대한 선택권은 내게 있다는 것을 깨달아야 했다. 또한 다른 사람의 감정을 이해하기 위해 속도를 조절하는 것에 대한 선택권도 결국은 내게 있다는 것을 배워야 했다.

어떻게 하면 자신의 감정에 대해 더 민감해질 수 있을까? 과학은 특정 감정에 대한 신체적 반응을 검증하지는 못했지만, 감정과 육체적 감각 사이에는 분명한 연관성이 있다는 것을 알려주었다. 예를 들어 스트레스를 받으면 구역질이 나거나, 화가 났을 때는 몸이 뜨거워지고 슬플 때는 무기력해지며 행복할 때 힘이 나는 것 등 감정에 대한 육체적 반응을 통해 감정과 육체적 감각 사이에 연관성이 있다는 것을 확인할 수 있다. 심장박동이나 체온의 변화 또는 근육이 뭉치는 등 육체적 변화가 있을 때 마음 속에서 어떤 일이 일어나고 있는지 생각해보면 나의 신체적 반응을 확인할 수 있다. 또한 이러한 감정을 만들어내는 외부적인 요인이 무엇인지도 확인할 수 있다. 반응하는 이유와 요인이 확인되면 특정 감정이 육체적인 반응을 결정하기 전에 감정을 조정해보기 바란다. 그 감정에 개입하지 않고 그냥 흘려보내는 것을 선택해보기 바란다. 훈련을 통해 일정 수준에 도달하면 부정적인 감정이 신체에 미치는 영향을 통제할 수 있을 것이다. 앞에서 언급했던 두려움을 관리하는 5가지 방법을 활용하면 부정적인 감정의 많은 부분에서 벗어날 수 있을 것이다.

다른 사람들의 감정을 감지하고 감정에 대응할 수 있는 능력이 있는가? 만약 당신이 자기 자신에만 몰두되어 있다면 다른 사람의 감정을 읽고 반응하는 것은 매우 어려운 일이다. 이제 당신이 효과적으로 경청하고 타인과 협력하기 위해서는 자기 자신으로부터 벗어나는 것이 얼마나 중요한 일인지 인지해야 한다. 휴밀리티를 체화하고 있으면, 자기 자신을 버리고 다른 사람들에게 관심을 기울일 수 있는 마음을 갖게 된다. 이것을 연습하는 방법은 다른 사람들의 몸짓언어와 음성신호(톤과 볼륨)를 관찰하고 염두에 두는 것이다. 타인의 몸짓언어와 음성에 긴장감이나 평화가 느껴지는가? 그들이 당신과 시선을 주고받고 있는가?

다른 사람들의 감정은 우리에게 무의식적으로 전달되고 인식하게 되어 있다. 자신의 걱정이나 문제에 너무 빠져 있어 이를 인식할 수 없는 상태가 아니라면 당신의 직감이 대답을 줄 것이다. 간혹 인식하지 못한다면 상대방에게 물어보는 것도 방법이 될 수 있다. "지금 당신의 기분은 어떤가요? 괜찮습니까?" 이런 질문을 하는 것은 상대방을 배려하고 관심을 보이는 것이다. 이런 질문을 하는 자체가 관계를 맺는 좋은 방법이다. 다른 사람들과의 협업을 하는데 있어 EI와 사회적 민감성은 매우 중요하다.

생각할 문제

- 당신은 협업을 누구의 아이디어가 가장 좋은지를 확인하기 위한 평가의 도구로 생각하는가? 아니면 누구의 아이디어와는 관계없이 최고의 결과를 얻기 위한 방법으로 생각하는가?
- 당신은 협업을 거래적 프로세스로 생각하는가? 아니면 관계적 프로세스로 생각하는가?
- 두 프로세스의 차이는 사람을 구성요소로서 얼마나 소중히 여기는가에 있는데, 거래적 프로세스는 자신의 아이디어나 생각을 확인하고 자신의 능력을 보이기 위한 수단이며, 관계적 프로세스는 팀 또는 그룹의 성공에 가치를 두는 것이다.

Chapter 6

숙고적 경청

경청은 스마트머신 시대에 필요한 모든 역량의 기초가 되기 때문에 매우 중요하다. 인지적 편견, 정서적 방어력, 자아, 두려움 등은 사고와 학습 능력에 영향을 미친다. 따라서 자신의 편견과 지적 모델을 뒤로하고 열린 마음으로 타인과의 협업과 더 나은 관계를 구축하는 데 숙고적 경청은 필수적이다. 우리는 자신의 생각을 비판하고 진정한 의미에서의 비판적 사고를 하는 것이 무척이나 어렵다는 것은 이미 알고 있다. 우리는 우리의 생각과 믿음을 검증하는 행동에 너무 심취되어 있으며, 세상이 자신의 관점에서 어떻게 움직이는지에 대한 시각을 가지고 있다. 우리는 왜곡되고 잘못된 편견에 맞설 수 있도록 도와주는 '생각의 파트너'가 필요하다. 그러나 파트너가 영향력을 발휘하려면 타인의 이야기를 들을 준비가 되어 있어야 한다.

숙고적 경청이 필요한 이유는 간단하다. 혁신적인 사고를 하는데 가장 효과적인 방법은 다른 경험과 훈련을 받은 사람으로 구성된 소규모 그룹에서 함께 생각하는 것이다. 또한 다른 사람들과 감정적으로 소통하기 위해서는 자아통제와 감정이입이 필요하다. 다시 말해 비판적 사고, 혁신, 창의력 등을 위해서는 협업을 해야 하며, 숙고적 경청은 협업하는 데 필수조건인 것이다. 숙고적인 경청을 하기 위해서는 자아와 감정 통제가 선행되어야 한다. 숙고적 경청은 긍정적인 관계 유지와 신뢰를 통해 다른 사람이 말하는 것에 관심을 갖게 된다.

당신은 당신이 경청을 잘한다고 생각할 것이다. 나도 내 자신을 꽤 괜찮은 경청자라고 생각했었다. 하지만 '숙고적인' 경청의 진정한 의미를 이해하고 난 이후 난 경청을 하지 않았다는 것을 알게 되었다. 내 모습을 볼 때 나는 상대방의 말 중간에 끼어들어 대신 끝내 주거나 내가 생각했던 대답을 듣기 위해 상대방을 유도했다. 나는 상대방의 말에 끼어드는 내 모습을 발견했다. 다른 사람이 말하는 동안 나는 머릿속으로 대답과 반응을 미리 생각하고 경청하지 않았다. 이런 식으로 경청하는 사람은 최악의 경청자이다. 모든 것이 잘못되었다. 나는 내 생각을 말할 수 있는 기회를 찾기 위해 다른 사람의 이야기를 들었던 것이다. 내 목표를 달성하기 위해 다른 사람의 생각과 말을 읽으려고 했다. 모든 대화는 개인적인 목표와 목적을 성취하기 위함이었다. 나는 격식을 차리지 않거나 사적인 대화에는 관심이 없었다. 대부분의 경우 거래를 위해 대화를 했다. 대화는 내 목적을 달성하기 위한 하나의 수단과 방법이었다. 대화를 할 때 내 마음은 다른 곳에 있었다. 다른 사람이 말할 때 끼어들지 않으면 지루해 졌다. 승리하고, 현명하게 보이고, 내 지식을 타인에게 알리기 위해 다른 사람의 말을 경청했다. 나는 일상에서는 물론 직장에서도 최악의 경청자였다.

통제된 자아와 열린 마음으로 경청하기

경청에 대한 전혀 다른 의미를 내 심리학 스승이자 오랜 친구인 콜로라도대학 심리학 명예교수 라인 본을 방문했을 때 알게 되었다. 내가 본 교수를 만났던 시점은 이전 책의 원고를 마무리하던 시점이었다. 본 교수는 책을 끝낸 후 무엇을 할 것인지 물었고 나는 '휴밀리티'에 대해 연구하고 있다고 말했다. 인간이 스마트머신이 할 수 없는 일을 잘하기 위해서는 휴밀리티가 기본이 되어야 한다고 말했다. 본 교수에게 '휴밀리티'라는 단어를 들었을 때, 가장 먼저 떠오르는 단어는 무엇인지 물었고 그는 '경청'이라고 말했다.

본 교수는 훌륭한 경청자가 되기 위해서는 휴밀리티가 필요하며 경청을 해야만 휴밀리티를 체화할 수 있다고 믿는다고 말했다. 즉 휴밀리티의 조건이 되는 것은 타인의 말을 경청하는 것에서부터 시작한다는 의미다. 그러나 나는 본 교수가 말한 경청과 휴밀리티 간의 관계를 정확히 이해하지 못했다. 좋은 경청자가 되려면 열린 마음으로 타인에게만 집중해야 한다. 대답을 미리 준비하거나 다른 사람의 말이 끝나기도 전에 결론을 내려서는 안 된다. 상대방에게 집중하는 목표만을 가지고 중립적인 마음으로 귀를 기울여야 한다. 좋은 경청자는 상대방을 이해하기 위해 질문을 하고 올바르게 이해했는지 확인하기 위해 내용을 반복하거나 재구성하여 확인한다. 확인 후 좋은 경청자는 들은 내용을 숙고한다. 다른 사람의 아이디어를 받아들이는 경우 본 교수가 설명한 것처럼 자신에게 적용하여 확인한다. 천천히 시간을 가지고 새로운 아이디어를 시도하고 결과까지 확인하는 것이 바로 숙고적 경청이다. 여기서 말하는 높은 수준의 경청은 사고력에서(대니얼 카너먼) 말한 시스템적 사고 2와 같은 의미를 갖는다. 즉 숙고적 경청은 경청의 시스템 2이다.

본 교수는 대부분의 사람들이 경청을 통해 학습한다고 말한다. "거의 모든 학습은 다른 사람이나 자신과의 대화 속에서 오는 것"이라고 말했다. MIT 슬론 경영대학원 리더십센터의 윌리엄 아이작스 수석 강사는 대화학습에 대한 책 『대화의 재발견Dialogue』에서 대화는 경청하는 사람에게 '속도를 줄이도록' 요구한다. "경청을 하기 위해 내면이 침묵해야 한다"라고 설명한다. 이것이 바로 현재와 진실을 중립적인 관점에서 집중할 수 있는 통제된 마음을 말하는 것이다. 이는 마음챙김에서 생각을 통제하는 것과 같이 숙고적 경청을 위해서는 마음을 통제해야 한다.

이러한 시스템 2적인 경청을 하기 위해서는 신중한 노력이 필요하다. 다른 사람이 말하는 동안 산만해지거나 미리 대답을 준비하는 것과 같은 본능적인 행동을 통제하는 노력이 필요하다. 아이작스는 인간의 지배적인 감각은 눈이라고 말한다. 인간은 분당 최대 600개 단어를 처리할 수 있는데 대부분의 사람이 말하는 속도는 분당 100~150개의 단어를 말한다. 그러나 인간의 뇌는 빛보다 느린 소리에 반응하기 전에 눈에 보이는 것을 먼저 처리하려는 경향이 있다. 따라서 우리는 상대방이 말하는 동안 다른 정보를 처리하려는 욕구를 가지고 있다. 숙고적 경청을 하기 위해서는 생각, 몸, 마음 등 우리의 모든 감각을 통제해야 하며, 많은 훈련이 필요하다. 그러나 경청을 하는 것은 생각보다 매우 간단하다. 아이작스는 "경청을 잘하는 가장 간단하면서 쉬운 방법은 가만히 있는 것이다. 마음 깊은 곳이 잠잠해지면 현재상황과 경청하는 것에 열린 마음으로 집중할 수 있다"고 설명한다.

경청의 기술은 말하지 않는 것

숙고적 경청은 말하는 사람에게 집중하기 위해 '천천히' 하는 것을 요구할 뿐만 아니라 상대방에 대한 섣부른 판단을 하지 않고 상대방의 관점을 이해하기 위해 의식적으로 노력한다. 우리가 완벽히 숙고적인 경청을 할 경우 상대방에 대한 평가를 하기 전에 조망 수용(자기중심적 사고에서 벗어나 다른 사람의 생각이나 느낌을 이해하는 능력)이 되어야 한다. 일반적으로 조망 수용을 하기 위해서는 질문을 해야 한다. 그러나 MIT 슬론 경영대학원의 명예교수 에드거 셰인은 『겸손한 탐구Humble Inquiry』에서 우리는 질문하는 것보다는 말하기를 중요하게 생각하는 문화에 살고 있다고 한다. 당신이 온전히 경청을 하거나 상대방을 이해하기 위해 질문하기도 전에 '말하기

모드’ 에 들어가는 이유는 상대방보다 똑똑하고 더 많은 지식을 가지고 있다는 것을 증명하려는 욕구 때문이다. 개인주의적이고 경쟁적인 사회에서 지식 근로자들은 ‘질문’ 하는 것보다 ‘말’ 하는 것을 당연하게 생각한다. 그 이유는 똑똑하고 많은 지식을 가지고 있는 사람이 성공할 수 있는 환경에 살고 있기 때문이다.

상대방에게 질문하는 것은 ‘알지 못하는 것을 잘’ 하는 좋은 방법이다. 그러나 모르기 때문에 질문을 한다는 것에 익숙해져야 하고 올바른 질문을 해야 한다. 아이작스는 모든 질문의 약 40퍼센트는 질문으로 변장한 진술이며 또 다른 40퍼센트는 질문으로 변장한 평가이고 오직 극히 소수의 질문만이 모르는 것을 이해하기 위한 학습을 위한 질문이라고 한다.

생각할 문제

한가지 실험을 해보기로 하자.
지인과 2~3번 정도 대화를 한 후 자신의 모습을 마음 속으로 재생해 보자. 대화를 하는 동안 질문을 한 시간과 말을 한 시간을 비교해 보길 바란다. 또한 질문의 질도 한번 생각해보기 바란다. 상대방을 이해하기 위한 질문이었는가? 아니면 질문으로 변장한 진술 또는 평가였는가?

숙고적 경청은 Part 2를 시작하는 부분에서 언급한 선택 문제로 다시 돌아가게 한다. 모든 대화에서 우리는 선택을 해야 한다. 예를 들어, 자아를 통제하고 상대방에게 완전히 집중할 것인가? 다른 사람의 생각을 받아들여 시도해볼 것인가? 자신의 신념을 확인하기보다는 상대방을 이해할 것인가? 자신의 입장을 옹호하기 전에 진짜 질문을 할 것인가? 등 대화에 임하는 자세와 상황을 선택해야 한다. 또한 자기 자신의 감정을 방어할 것인지 아니면 숙고적으로 반응할 것인지에 대한 선택도 해야 한다. 아마 많은 사람들은 '이미 알고 있고 이 정도는 상식이다!' 라고 생각할 수도 있다. 그리고 그렇게 생각하는 것이 맞다. 이 글에서 말하는 것은 높은 지능이 필요한 것이 아니다. 그러나 단순히 알고 있다고 해서 모든 대화에서 매일 일관되게 숙고적인 경청을 할 수 있는 것은 아니다. 뉴 스마트 행동을 완벽하게 소화하기 위해서는 자기 자제력이 요구된다. 또한 매일 핵심적인 행동에 대해 높은 기준으로 평가하는 것이 필요하다. 스마트머신 시대의 필요 역량에 뛰어나려면 핵심행동을 높은 수준까지 끌어올려야 한다. 이것은 유명한 음악가, 예술가, 운동선수, 가수, 화가, 혁신가 등이 필요한 능력을 발휘하기 위해 집중적으로 훈련하는 것과 동일하다. 그러나 대부분의 경우 우리는 다른 사람들과 경쟁을 하는 것이 아니라 자기 자신의 반사적이고 자동적인 행동과 자기중심적인 자아와 경쟁하기 위한 훈련이 필요하다. 스마트머신 시대에 이런 자기개발은 모든 개인에게 필수조건이 될 것이다. 기업은 성공을 목표로 스마트머신 시대 조직을 구축하기 위한 전략적인 선택을 해야 할 것이다.

숙고적 경청을 위한 준비

높은 수준의 숙고적인 경청이 요구되는 미팅이나 대화를 위해 다음의 목록이 도움이 될 것이다.

1. 마음은 맑은 상태를 유지하고 있는가? 그렇지 않다면 마음을 비우기 위해 몇 차례의 깊고 느린 심호흡을 하기 바란다.
2. 현재 감정적으로 차분한가? 그렇지 않다면 몇 번의 심호흡을 더 하는데, 예를 들어 4초 동안 호흡을 들이마시고 매우 천천히 4초 동안 숨을 내쉬기 바란다.
3. 다음을 자기 자신에게 여러 번 말해 보라.

- "내 생각은 내가 아니다."
- "이 모든 것의 중심은 내가 아니다."
- "방어적으로 변하지 말자."
- "말하기 전에 질문을 하자."
- "방해하지 말자."
- "집중하자."
- "아이디어는 비판하되, 사람은 비판하지 말자."
- "이해하기 위해 경청하며, 확인을 위한 경청을 삼가자."

나는 '듣지 않는 것'이 바쁜 경영자와 리더들 사이의 공통적인 문제임을 발견했다. 한 회사의 워크숍에서 숙고적인 경청에 대한 세션을 진행했었다. 세션이 끝난 어느 날 아침, 다음날 워크숍을 준비하기 위해 체크인을 하는 동안 참가자과 지금까지 진행한 워크숍에 대한 경험을 나누는 시간을 가졌다. 많은 사람들이 자신의 이야기를 했다. 이야기 도중 아주 고위 임원인 한 신사가 말을 하기 시작했다. 그는 숙고적 경청 세션을 하면서 본인이 얼마나 형편없는 경청을 하고 있는지를 알게 되어 무척 놀랐다고 했다. 숙고적 경청 세션이 끝나고 그날 저녁 세션에서 받은 체크리스트를 전화기 옆에 두고 가족에게 전화를 걸었다. 통화하는 내내 가족이 하는 말을 들으려고 열심히 노력했다. 통화를 하는 동안 과거보다 조금 나아졌다고 생각했다. 전화를 끊고 나서 그는 그의 동료에게 울면서 말했다. "방금 한 통화가 아내와 아이들과 수년 만에 가진 최고의 대화였어요. 사실, 아내가 나한테 다시 전화를 걸어 고맙다고 했어요." 나는 그 신사에게 개인적인 이야기를 그룹과 공유한 것에 대해 깊은 감사를 표했다. 그 임원의 경험은 워크숍의 모든 참석자에게 아주 특별한 순간이었다. 이 이야기가 당신에게도 좋은 영향력을 미쳤으면 한다. 우리가 권유하는 행동은 직장에서만 적용되는 것이 아니라 여러분의 인생에 도움이 될 수 있다는 것을 보여주는 좋은 예이기 때문이다.

생각할 문제

자아를 통제해야 좋은 청취자가 될 수 있는가? 그렇다면 그 이유는 무엇인가?

자기중심적이거나 닫힌 마음과 감정적으로 방어하는 사람은 좋은 청취자가 될 수 없다는 것에 동의하는가? 왜 그렇게 생각하는가?

숙고적 경청의 핵심이 되는 행동은 무엇인가?

숙고적 경청이 비판적인 사고를 하는 데 중요한 이유는 무엇인가?

숙고적 경청이 창의적이고 혁신적인 사고를 하는 데 중요한 이유는 무엇인가?

숙고적 경청이 감정적으로 참여하고 타인과 협업하는 것에 중요한 이유는 무엇인가?

Chapter 7
타자성
다른 사람과 감정적으로 연결하고 관계를 맺는 것

이 시점에서 독자들은 스마트머신 시대에서 성공하기 위해 다른 사람의 도움이 필요하다는 것을 이해했을 것이다. 다른 사람의 도움이 필요한 이유는 혼자서 생각하고 혁신을 주도할 수는 없기 때문이다. 그래서 관계가 중요한데, 다른 사람들과 관계를 만들기 위해서는 먼저 관계 형성을 위한 연결고리가 있어야 한다. 시간이 지날수록 신뢰가 쌓이고 서로 깊은 신뢰가 형성될 때 가장 높은 수준의 협력과 협업을 위한 기초가 만들어진다. 바버라 프레드릭슨은 "건강한 사회적 관계는 인간 번영을 위한 필수 조건이다. 그 누구도 혼자서 자신의 잠재적인 능력을 최고의 수준으로 발휘할 수 없다는 것이 과학적으로 증명되었다"라고 했다. 즉, 우리는 최고의 사고력과 학습능력을 갖기 위해 '서로의 도움이 필요한 인간'이라는 것이다.

그러면 어떻게 해야 타인과의 관계를 맺고 잘 유지할 수 있을까? 타인과의 돈독한 관계를 만드는 데 올드 스마트 정신모델에서 오는 오만함, 자기몰두, 자기중심주의, 공감부족, 정서적 방어력 등은 도움이 안 될 때가 많다. 따라서 과거의 것을 버리고 새로운 방법을 찾아야 한다. 타인과의 진정한 관계를 구축하기 위해서는 뉴 스마트와 휴밀리티를 받아들여야 한다. 또한 뉴 스마트의 기초가 될 자아통제, 자기관리, 숙고적 경청 등의 훈련을 통해 좋은 관계를 만들 수 있다. 다른 사람에게 더욱 집중하고 좋은 관계를 맺을 수 있는 또 다른 방법에는 무엇이 있을까? 제인 더턴은 '높은 수준의 관계'를 위해서는 아래 5개 항목이 필요하다고 제안했다.

1. 같이 있어야 하고,
2. 진심이 보여야 하며,
3. 확실한 의사소통을 해야 하며,
4. 효과적인 경청을 해야 하며,
5. 함께한다는 의사표현을 해야 한다.

우리는 이미 자아통제를 위해 현재 상황에 충실하고 마음챙김에 대한 논의를 거쳤다. 그러나 상대방에게 내가 현재 상황에 충실하다는 것을 어떻게 표현할 수 있을까? 우리는 직설적으로 말할 수 있다. 하지만 말뿐만 아니라 몸짓 언어, 행동, 감정전달 등으로도 상대방에게 표현할 수 있다. 예를 들어 대화 중 상대방을 마주보고, 시선을 교차하며, 미소와 따뜻하게 반겨주는 등 상대방에 대한 관심을 표현하는 것이 좋은 방법이 될 수 있다.

또한 상대방이 당신의 사무실이나 회의장소에 들어올 때 잠시 휴대전화나 태블릿 등을 내려놓고 상대방을 주목하고 일어서서 맞이하는 등 작은 행동으로도 관심을 표현할 수 있다. 이런 방법들은 매우 간단하고 단순하다. 그러나 좋은 관계를 맺기 위한 아주 좋은 출발점이다. 관계 유지를 위해 매일매일 이런 사소한 행동에 노력하고 의사소통하는 것이 필요하다.

생각할 문제

어제 직장 동료나 가족과 대화를 하는 동안 딴짓을 몇 번 했는가?
당신은 모든 관계를 미소로 시작하는가? (행동의 중요성을 인식하는 것과 실제 행동으로 옮기는 것은 전혀 다르다는 것을 기억하기 바란다. 행동으로 옮겨야 효과를 볼 수 있다.)
당신은 상대방을 보면서 이야기하는가?
당신은 당신의 어조를 통해 긍정적이거나 부정적인 메시지를 발신하는가?

더턴은 "진심이 매우 중요하다"라는 말을 한다. 진심의 의미는 진정성, 정직, 열린 마음 등으로 타인을 있는 모습 그대로 받아들이는 것이다. 인본주의 심리학 교수 시드니 주라드는 『투명한 자신The Transparent Self』에서 "그 누구도 타인에게 자신의 참된 모습을 드러내지 않고서는 본인도 자기 자신을 알 수 없다"는 것을 자신이 개발한 '자기개방 이론'을 통해 설명했다. 즉 타인에게 진실되지 않는 사람은 자기 자신도 속인다는 것이다.

대부분의 기업환경은 정서적으로 안정되거나 신뢰를 요구하는 환경이 아니다. 서로 경쟁하고 경쟁에서 살아남아야 한다. 직장에서 타인에게 자신의 진심을 보여주는 것은 쉬운 일이 아니다. 진실됨을 보여주는 경우 자신의 약점이 될 수 있다. 우리는 이런 환경에서 모든 사람들에게 진실된 마음으로 행동하지 않고 신뢰할 수 있는 소수에게만 진실되게 행동한다. 그러나 여기서 문제는 신뢰를 구축하기 위해서는 반드시 진실된 모습이 필요하다는 것이다. 누군가 먼저 진실된 마음으로 다가가지 않는다면 상대방과 진정한 관계를 구축할 수 없다. 그렇다면 신뢰할 수 있는 사람이 누군지 어떻게 알 수 있을까? 아주 좋은 질문이다. 작은 실험을 활용하여 상대방이 본인에게 진실된 마음을 가지고 있는지 아닌지 확인이 가능하다. 이 세상에 모든 사람들은 진실된 인간관계가 필요하다. 따라서 아마도 이미 신뢰로 만들어진 관계가 있을 것이다. 그러나 새로운 관계를 형성하기 위해서는 신뢰가 기반이 되는 관계를 구축해야 한다. 이를 위해서는 누군가 먼저 손을 내밀 수 있는 용기가 필요하다는 것을 명심해야 한다. 그 누군가가 당신이 되기를 기대한다.

'진실성을 전하고' '효과적인 경청을 하고' '지지를 표현' 하기 위해서는 서로 긍정적인 관심을 보여야 한다. 이런 관심은 높은 자리에 있을수록 더욱 중요해진다. 나(저자)는 마지막 리더십 역할을 할 때 이것을 깨달았다. 나는 조용히 혼자 일하는 스타일이기 때문에 새벽에 일하는 것을 좋아한다. 아침은 내게 가장 생산적인 시간이다. 어느 날 아침 사무실에서 커피를 마시려고 바닥을 보며 다용도실로 걸어가고 있었다. 다른 날과 다를 바 없이 매우 중요한 생각에 몰두하면서 걸어가고 있었다. 다용도실로 가던 중 내가 책임지고 있는 팀에서 일하던 젊은 애널리스트와 마주쳤다. 나는 그 젊은 친구를 향해 아주 평범하게 고개를 끄덕이며 인사를 하고 그냥 지나갔다. 나는 생각에 몰두해 있었다. 그 후 약 2시간이 흐른 뒤, 그의 상사로부터 전화를 받았다. 상사는 자기 팀의 최고 분석가인 그가 회사를 그만둘 것이라고 말했다. 나는 그에게 젊은 애널리스트가 그만두는 이유를 물었고 그는 "당신이 그를 마음에 들어 하지 않아서 여기에 미래가 없다고 생각하기 때문입니다" 라고 말했다.

그 젊은 애널리스트는 그날 아침 나와 마주쳤던 그 짧은 만남을 매우 중요하게 생각했던 것이다. 내가 그를 그냥 지나쳤을 때, 그는 내가 자신을 투명인간으로 보고 있다고 해석했다. 나는 내 생각에 몰두해 그 상황에 중요한 의미를 두지 않았지만, 그는 자기존재를 확인하는 순간이었다. 그 짧은 인사가 그에게는 중요한 의미가 있었음을 깨달았다. 나는 곧바로 그에게 가서 그와 그의 동료들 앞에서 사과했고 그는 몇 년 후 회사의 슈퍼스타가 되었다. 그 이후 나는 그와 함께 많은 프로젝트를 성공적으로 수행했다. 나는 이 경험을 통해 상대방에 대한 민감성의 중요성을 배웠고 심지어 작은 소통도 개인이나 조직에 큰 영향을 줄 수 있다는 것을 배웠다. 따라서 상대방에 주의를 갖고 감정에 민감하게 반응하는 것이 매우 중요하다.

이 경험은 직장에서 더 나은 관계를 구축해야 한다는 초기 경고였다. 관계구축을 위해 노력한 결과는 개인의 성과 향상은 물론 같이 일하는 사람들의 성과 향상에도 크게 기여했다. 관계 구축은 스마트머신 시대에서 매우 중요한 역할을 한다. 혁신적이고 비판적인 사고를 위해서는 고도의 협업이 필요하며, 협업은 팀원간 서로에 대한 신뢰가 조성되지 않으면 불가능하다. 신뢰는 하늘에서 '쿵' 하고 떨어지지 않는다. 노력이 필요하며 천천히 시간을 가지고 진실된 마음과 관심으로 임해야 한다.

신뢰와 관심

신뢰를 쌓고 관심을 표현할 수 있는 방법에는 무엇이 있을까? 거짓된 휴밀리티나 행동은 통하지 않는다. 연구에 따르면 인간은 불성실하고 신뢰를 훼손하는 개인주의적인 행동을 판단할 수 있는 통찰력이 고도로 발달되어 있다고 한다. 당신은 자기 자신이 항상 옳다고 생각하거나 승리해야 한다고 생각하는 사람을 믿을 수 있는가? 당신은 당신을 경쟁자로 생각하는 직장동료를 믿을 수 있는가? 거만하고, 자기 자랑과 자기 이익만을 찾고 자신의 실수를 받아들이지 않는 사람을 믿을 수 있는가? 도전을 받으면 방어적으로 변하거나 대화를 거부하는 사람을 믿을 수 있는가?

프레드릭슨은 『Love 2.0』에서 플라톤적 관계를 생화학과 신경과학적 관점에서 설명했다. 플라톤적 관계는 "자기 자신에 몰두하고자 하는 방어막에서 탈피" 하는 것이 필요하다고 설명했는데, 이는 지금까지 이 책에서 언급한 '휴밀리티' 의 뿌리가 되는 말이다. 진실된 관계를 구축하고 유지하기 위해서는 자신의 이익만을 위해 행동해서는 안 된다. 상대방의 행복과 성공을 위해 투자할 의향이 있어야 한다고 설명한다. 나는 이런 사실을 월스트리트에서 일할 당시 어렵게 깨달았다.

나는 월스트리트의 한 투자은행에서 임원으로 근무한 적이 있다. 그 자리에 있을 때 여러 개의 엘리트 부서를 지휘했었다. 내 업무 스타일은 빨리 "끝내자" 였다. 나는 회사에 모범이 되기 위해 내가 하지 않을 일은 결코 남에게 시키지 않았다. 존엄성, 존중함, 진실성 등은 희생될 수 없다고 굳게 믿고 있었다. 부하직원들이 성과를 내면 그들의 승진과 보너스를 약속했고, 필요할 경우 교육의 기회도 제공할 수 있다고 말했다. 그러나 직원들과 사적인 교감은 전혀 하지 않았고 이런 관계는 시간낭비라고 생각했다. 직원들의 개인적인 삶과 목표에는 전혀 관심이 없었다. 상사와 부하직원으로 업무적이고 전문적인 관계만 유지했다. 나는 다른 사람의 감정을 읽을 수 있는 능력을 가지고 있었다. 그러나 그런 능력은 업무를 마무리하고 성과에 도움이 될 때만 사용했다. 일과 내 자신에만 몰두해 있었고 나 자신 외에는 그 누구와도 의미 있는 관계를 만들려고 하지 않았다. 내 철학과 행동은 6년 동안 지속되었고 아무런 문제없이 6년이라는 시간이 지나가는 듯 보였다. 그러나 뜻밖의 곳에서 문제가 생기기 시작했다. 바로 가족관계에서 문제가 생기면서 내 자신과 행동을 현실적인 시각으로 바라볼 수 있게 되었다.

투자은행에서 일하던 6년 동안 나는 집에서도 업무가 끊이지 않았다. 아내는 "감정과 감각이 없는 나를 사람으로 보지 않고 비즈니스 기계로 생각했다." 그녀는 내가 변하지 않으면 떠나겠다고 최후통첩을 했다. 아내의 말은 큰 충격이었다. 아내의 말을 들은 후 임원 교육을 전문으로 하는 한 유명 강사를 찾아 교육을 받기 시작했다. 강사는 좋은 관계의 의미를 설명했고 좋은 관계가 성과를 높일 수 있다는 것을 깨닫게 해주었다. 강사는 내가 집과 직장에서 더 나은 결과를 얻을 수 있도록 도와주었다. 그러나 삶의 방식을 바꾸는 것은 쉬운 일이 아니었다. 많은 노력이 필요했다.

강사의 말은 옳았다. 내가 직원들과 개별적으로 점심을 먹고 모든 직원들에게 시간을 투자하고 개인적인 문제로 상담을 하고 체크를 하기 시작하면서 마법 같은 일이 일어났다. 직원들은 내가 그들을 성공의 수단이 아닌 인간으로 생각하고 진정한 보살핌을 받고 있다고 느끼기 시작했다.

그런 마음이 강해질수록 직원들은 더 좋은 성과를 냈다. 인간적인 관계가 유지될 때 직원들은 안정감을 느꼈고 안정감은 성과로 이어졌던 것이다. 신뢰는 거짓으로 할 수 없기 때문에 진실된 관심이 필요하다. 두턴, 프레드릭슨과 주라드가 말하는 방식으로 타인과 관계를 맺고 신뢰를 쌓은 후 일을 하기 위해서는 많은 시간과 노력이 필요하다.

팀과 팀원을 알기 위해 많은 시간을 투자할수록 팀원들과의 관계가 향상되었고 더 많은 관심을 갖게 되었다. 팀원들에게 개인적으로 다가가고 솔직한 이야기를 나눌수록 그들의 나에 대한 신뢰가 쌓여갔다. 그들은 개인적인 희망, 꿈, 두려움 등에 대해 솔직하게 이야기했다. 이전까지 그들은 내가 성과만 중요하게 생각한다고 생각했었다. 그러나 내가 관계를 맺기 시작하고 내가 그들을 사람처럼 대해주는 등 내 진심이 느껴지면서 그들의 생각도 변했다. 이는 높은 성과로 이어졌으며, 더 나은 사고와 혁신을 가져왔다.

에드거 셰인은 그의 저서 『겸손한 자문Humble Consulting』에서 팀원간 개인적이고 신뢰할 수 있는 대화는 업무에서 느껴지는 '전문지식의 거리감'을 극복할 수 있다고 설명한다. 그는 이런 관계를 '레벨 2관계'로 부르고 있다. 셰인처럼 우리도 휴밀리티에 기초한 질문과 진실된 대화(예를 들어 개인적인 질문이나 개인의 생각과 느낌을 자율적으로 말하는 것 등)를 통해 서로를 이해하고 시간을 투자함으로써 수준 높은 관계를 구축할 수 있다고 믿는다.

상대방과 효과적인 관계를 맺기 위해서는 많은 시간과 노력이 필요하다. 또한 신뢰는 행동과 대화를 통해 만들어지기 때문에 대화 전 목록을 작성하여 대화 내용을 상기시켜주는 것도 도움이 된다. 아래 도움이 될 수 있는 목록이 있다. 한번 읽어 보고 자신에 맞는 목록을 만드는 것도 좋은 방법이 될 수 있다.

1. 현재 상황에만 집중하라.
2. 진심이 보이는 미소를 보여라.
3. 시선을 주고받아라.
4. 긍정적으로 대하라.
5. 숙고적 경청을 하라.
6. 현재만 봐라.
7. 해를 입히지 말라.

생각할 문제

다른 사람과 어떤 방법으로 관계를 맺는가?
다른 사람과 진정한 관계가 형성되었다는 것을 어떻게 알 수 있나?
다른 사람과 감정적 관계를 형성하기 위해서는 어떤 행동을 해야 한다고 생각하는가?
다른 사람에게 어떤 방법으로 긍정과 존중을 표현할 수 있는가?

현명한 단어 선택

이 책을 준비하면서 관계에 도움이 되는 언어에 대해 몇 가지 놀라운 사실을 알게 되었다. 예를 들어, 임원교육 세션에서 임원들이 서로 원활

한 관계를 맺도록 돕는 문구는 "예, 하지만…"보다는 "예, 그리고…"라고 말을 사용하는 것이었다. 표현에 작은 차이가 대화에 대한 판단을 줄이고 지위체계를 허물고 방어적인 반응을 최소화할 수 있다.

나는 언어도구를 다른 경영대학 교수이자 사고력 디자인 전문가인 진 리드카에게 배웠다. 리드카 교수는 언어도구를 윤리학 및 전략교수인 에릭 호니맨한테 배웠다고 한다. 나는 약 9년 전 리드카 교수가 경영대학원생을 대상으로 하는 수업에서 언어도구에 대해 설명한 것을 아직도 기억하고 있다. 리드카 교수는 경영대학원생들에게 "예, 하지만…"이라고 응답하는 것을 "예, 그리고…"로 변경하면 어떻게 변할지 생각해보도록 한 것과 "우리는 우리가 믿는 모든 것을 테스트해야 할 하나의 가설로 생각한다면 직장뿐만 아니라 가정에서도 훨씬 좋은 성과를 얻을 수 있다"라고 말했다. 나는 당시에는 알지 못했지만, 그는 스마트머신 시대에서 성공하는 데 꼭 필요한 핵심요소를 말하고 있었다. "예, 그리고…"가 말해주는 요점은 이분법적인 생각을 우리의 습관에도 적용할 수 있다는 것이다.

많은 사람들은 모든 일을 X 또는 Y라고 생각한다. 그러나 이분법은 틀린 경우가 많다. 그 이유는 세상의 모든 것이 어떤 상황의 연속체로 존재하기 때문이다. 버나드 로스는 『성취 습관』에서 또 다른 언어에 대한 팁을 공유했다. 그는 "해야 한다have to" 대신 "하고 싶다want to"를 사용하고 "할 수 없다can't" 대신 "하지 않을 것이다won't"를 사용하도록 조언한다. 그 이유는 각각의 경우에 후자가 자신에게 선택의 권한이 있다는 것을 의미하기 때문이다. 레이 달리오는 우리의 신념이 다른 사람에게 비판의 대상이 될 수 있고, 우리의 생각이 명확하지 않을 수도 있다는 것을 인식하기 위해 "나는 생각한다I think"보다는 "나는 믿는다I believe"를 사용하라고 조언한다.

Chapter 8

뉴 스마트 행동 진단도구

4장부터 7장까지는 스마트머신 시대에서 성공하기 위해 필요한 4개의 뉴 스마트 행동에 대해 논의했다. 이 장에서는 뉴 스마트 행동과 관련하여 자신의 강점과 약점을 진단할 수 있는 도구를 제시한다. 이 진단은 각 행동을 구성하는 여러 개의 하위 행동과 행동요소에 대한 능력을 평가하는 것이다. 예를 들어 숙고적 경청의 경우, 하부 행동으로 상대방의 몸짓 언어에 집중하고 상대의 말을 중간에 끊지 않는 등과 같은 행동들이 포함된다. 평가는 1~5의 척도로 얼마나 자주 주요 행동의 하위 행동을 실행하는지를 확인하는 것이다. 대부분의 질문은 점수가 높을수록 해당 행동을 잘하는 것이지만, 질문 중 일부는 그 반대이다. 이런 방식으로 변형된 유형의 질문(별표가 표시된 질문)을 사용하는 이유는 피평가자가 대답할 때 좀 더 신중히 생각하도록 유도하여 현실적인 결과를 얻을 수 있도록 하기 위해서이다.

---

* 판단 또는 평가의 대상이 되는 사람.

행동을 진단하기 위해 다양한 등급척도를 사용하기 때문에 단순평균을 내거나 합하여 뉴 스마트 행동에 대한 최종점수를 계산할 수는 없다. 이런 방법을 사용하는 이유는 단순평균이나 합산할 경우 약점으로 부각되어야 할 중요한 하위 행동이 무시되거나 간과될 수 있기 때문이다. 이 진단을 통해 전하고 싶은 메시지는 단 한 개의 뉴 스마트 행동을 잘하기 위해서는 수많은 하위 행동에 모두 능숙해야 한다는 것이다. 따라서 평균이나 합을 낸 점수를 통해 평가하는 것은 아무런 도움이 되지 않는다. 나는 수백 명을 가르치고 컨설팅하는 데 이 진단을 사용했다. 이 평가 도구를 공유하는 가장 큰 이유는 이 도구를 사용한 수많은 사람들이 자신의 약점을 평가하고, 뉴 스마트 행동 개선 방안을 만드는 데 큰 도움이 되었기 때문이다.

이 진단은 하나의 도구일 뿐 통계적으로 검증되지는 않았다. 이 도구의 목적은 정보 제공이며, 유용하게 사용하기 위해서는 정직하고 진실되게 평가에 임해야 한다. 자신에 대해 보다 현실적으로 판단하기 위해 믿을 수 있는 지인이나 동료에게 평가를 부탁하는 것도 하나의 방법이 될 수 있다. 어떤 사람들은 처음 진단에 임했을 때 정직하지 않았다는 것을 깨닫고 다시 진단하는 사람도 있었다. 정직한 진단을 했는지 어떻게 알 수 있을까? 만약 처음 진단을 내렸을 때, 4점과 5점이 많다면 (별표가 있는 질문의 경우 1점과 2점) 자신에게 솔직하지 않았을 가능성이 있다.

최종진단 결과에 반영하기 위한 몇 개의 지침이 있다. 그동안 배운 것을 진술해야 한다. 개선이 필요한 영역이 많다고 느낄 수도 있다. 그 이유는 주요 행동에 대해 훈련이나 교육을 받은 적이 없기 때문일 것이다. 이게 현실이다. 당신뿐만 아니라 수많은 사람들이 같은 상황이기 때문에 개선이 필요하다고 해서 낙심할 필요는 없다. 또한 비록 특정 행동에 대해 훈련을 받았다 하더라도 생각만큼 행동을 실천하거나 스마트머신 시대에 필요한 수준에 도달하지 못한다는 것을 확인하게 될 것이다. 우리의 단순 지식과 그 지식을 행동으로 옮기는 것에는 큰 차이가 있다.

1. 자아통제 능력 진단

1=전혀 안 함, 2=매우 드묾, 3=드묾, 4=가끔, 5=자주(정기적)

- 매일 적극적으로 나의 자아를 통제하려고 노력한다.
- '자기' 중심적으로 변하는 내 자신을 인지하고 있다.
- 휴밀리티의 실천 정도와 오만했거나 '나 중심적' 인지에 대한 행동을 매일 평가한다.
- 내가 갖고 있는 생각이 내가 아니라고 믿는다.
- '내가 이 세상의 중심이 아니라는 것' 을 이해하고 있다.
- 다른 사람들에게 내 성과에 대해 이야기하는 것을 좋아한다. *
- 관심의 중심에 있는 것을 좋아한다. *
- 대화를 지배하려는 경향이 있다. *
- 거만하다는 말을 들은 적이 있다. *
- 직장 동료들은 내가 내 약점을 잘 알고 있다는 것을 알고 있다.
- 종종 "모른다" 고 말한다.
- 직장에서 잘못 행동하면 상대방에게 사과한다(공공장소에서 일어난 일은 공개적으로 사과한다).
- 실수를 공개적으로 인정한다.
- 약점이나 단점을 인정하고 다른 사람에게 도움을 요청한다.
- 특별하며 다른 사람들보다 능력이 뛰어나다고 생각한다. *
- 누군가 나와 생각이 다르거나 반대 입장을 보일 때 방어적으로 반응한다. *
- 사람들이 나를 똑똑하다고 생각하는지에 대해 관심이 많다. *

- 내가 어떻게 비춰지는 지에 대해 관심이 많다. *
- 손해를 보거나 이미지에 타격이 될 만한 상황은 피한다. *
- 대화가 끝나면 상대방이 나를 똑똑하다고 생각하기를 원한다. *
- 상대방의 입장에서 감성적으로 생각하려 한다.
- 지도자는 강해야 하고 약점을 보여서는 안 된다고 믿는다. *
- 다른 사람에게 자주 감사함을 표현한다.
- 방어적인 나의 성향에 민감하다.
- 모든 일에서 승리해야 한다. *
- 마음챙김을 통해 자아를 통제한다.
- 타인에 대한 동정심을 가지고 있다.
- 내가 뛰어난 사상가 및 경청자가 아님을 인정한다.
- 칭찬을 갈구한다. *
- 비판적인 피드백을 갈구한다.

2-1. 자기관리(생각) 능력 진단

1=전혀 안 함, 2=매우 드묾, 3=드묾, 4=가끔, 5=자주(정기적)

- 개방적이다.
- 공정하다.
- 충분히 주의를 기울이고 매 순간 집중한다.
- 하루에도 몇 번씩 시간을 가지고 천천히 생각한다.
- 데이터를 기반으로 결정을 내린다.
- 호기심이 매우 많다.
- 모르는 것에 익숙하다. "모르겠습니다"라고 자주 말한다.
- 누가 옳은가보다 무엇이 맞는지가 더 중요하다.
- 무엇인가를 놓치거나 지나친 자신감에 대한 편집증이 있다.
- 내가 부정적으로 보이더라도 사실을 직면한다.
- 어려운 대화나 논쟁을 피하지 않는다.
- 관계를 만들 때 휴밀리티에 기초한 행동을 한다.
- 자아와 신념을 분리하는 법을 배웠다.
- 매일 적극적이고 의도적으로 생각을 관리한다.
- 올바른 판단과 생각을 위해 속도를 줄이고 천천히 해야 할 때를 알고 있다.
- 매일 긍정적인 사고 프로세스를 사용한다.
- 매일 협력 프로세스를 사용한다.
- 매일 자신을 채점하고 학습 일기를 쓴다.
- 내가 '개선해야 할' 목록을 가지고 있다.

- 동료들에게 나의 '개선 사항' 을 공유하고 개선할 수 있도록 도움을 요청한다.
- 휴밀리티를 모델로 삼는다.
- 학습 탄력성을 모델로 삼아 실수나 실패로부터 빠르게 회복한다.
- 사람이 아닌 아이디어만을 비판한다.
- 모든 동료들에게 자유롭게 이야기할 수 있는 권한을 부여한다.
- 솔직하려고 노력한다.
- 내 약점과 실수에 대해 정직하고 투명하다.
- 내 생각에 대한 건설적인 피드백을 적극적으로 받아들인다.
- 내 생각의 토대가 되는 가정의 진정성을 매일 확인한다.
- 내 생각이나 신념 중 일부를 확인하기 위해 매일 테스트한다.
- 내 결정과 교훈의 결과를 평가한다.
- 편견에 대해 걱정한다.
- 나의 편견을 완화할 방법에 대해 고민한다.
- 매일 심리적 예행연습을 사용하여 머릿속으로 그림을 그려본다.
- 나의 행동이나 결정의 결과에서 학습을 위해 일어났던 일들을 머릿속으로 재연해본다.
- 일주일에 최소 두 번 정도는 동료나 지인들에게 "나는 모른다"고 말한다.
- 일주일에 최소 두 번 정도는 동료나 지인들에게 내 생각을 비판해 보라고 한다.
- 내 성과에 대한 진실된 평가를 받기 위해 내게 결제를 받는 동료들에게 매월 평가서를 직접 제출해줄 것을 요청한다.
- 어떤 문제든 깊게 생각해야 한다고 매일 나 자신에게 말한다.

2-2. 자기관리(감정) 능력 진단

1=전혀 안 함, 2=매우 드묾, 3=드묾, 4=가끔, 5=자주(정기적)

- 내 감정에 매우 민감하다.
- 내 감정을 단계별로 분류하여 관리한다.
- 내 감정의 원인을 이해하려고 노력한다.
- 내 감정을 적극적으로 관리할지, 내버려둘지 여부를 결정한다.
- 내가 어떤 경우에 방어적으로 변하거나 두려움을 갖게 되는지 알고 있다.
- 두려움을 적극적으로 관리한다.
- 내가 두려움을 느끼는 원인을 이해하고 있다.
- 나 자신을 진정시키기 위해 심호흡을 자주 한다.
- 인생의 긍정적인 면을 생각하는 방식으로 두려움을 통제한다.
- 내 몸짓언어에 민감하다.
- 내 메시지를 받아들이는 다른 사람들의 반응에 민감하다.
- 다른 사람들의 감정에 민감하다.
- 다른 사람들의 몸짓언어와 어조에 민감하다.
- 대화할 때 다른 사람들의 감정을 고려한다.
- 긍정적인 감정으로 회의에 참석하고 다른 사람들에게 다가가려고 노력한다.
- 심호흡을 활용하여 감정을 관리한다.
- 깊은 생각을 해야 할 때면 긍정적인 정신상태를 유지하려고 노력한다.

- 적극적으로 감정을 관리하려 한다.
- 감정이 생각에 영향을 미치지 않도록 하는 방법을 알고 있고 자주 사용한다.

3. 숙고적 경청능력 진단

1=전혀 안 함, 2=매우 드묾, 3=드묾, 4=가끔, 5=자주(정기적)

- 판단이나 편견 없이 경청한다.
- 자기방어적인 태도로 경청하지 않는다.
- 경청할 때, 상대방이 나에게 동의하는지 집중한다. *
- 다른 사람들의 말에 귀를 기울이지 않고 딴 생각을 한다. *
- 답을 알면 상대방의 말을 끊는다. *
- 종종 상대방의 말을 의역하거나 반복하여 내가 올바르게 들었는지 확인한다.
- 이해가 안 되는 경우, 상대방에게 다른 방식으로 말하도록 요청한다.
- 내가 누군가의 말을 방해하면 사과한다.
- 상대방이 이야기하는 동안 나는 머리 속으로 대답을 미리 생각한다.
- 경청하는 동안 내 신체적 반응에 민감해진다.
- 소리를 내거나 마음속으로 상대방의 말을 끝낸다. *
- 상대의 말을 경청하며 눈을 쳐다본다.
- 경청하는 동안 내가 느끼는 감정을 알고 있다.
- 중요한 대화를 나누기 전, 열린 마음으로 준비가 되었는지 스스로 확인한다.

- 중요한 대화를 나누기 전, 내 감정을 진정시킨다.
- 바로 대답하지 않고 숙고한 후 반응을 보인다.
- 경청하는 동안 나는 상대방의 감정, 어조, 몸짓언어 등에 민감해진다.
- 회의 등 어려운 자리에서 용기 내 말한 상대에게 응답하기 전에 감사한 마음을 전한다.
- 종종 상대방이 다음에 무슨 말을 할지 알고 있다고 생각한다. *
- 내 견해를 확인하기 위해 자주 질문한다. *
- 종종 상대방이 내 생각대로 말하도록 의도적으로 질문한다. *
- 상대방의 아이디어를 인정했을 때 드는 감정을 알아보기 위해 경청하는 동안 잠시 다른 생각을 멈추고 상상해본다.
- 배우기 위해 경청하며, 내 생각을 확인하기 위해 경청하지 않는다.
- 경청할 때 멀티태스킹을 한다. *
- 전화로 대화를 나눌 때 멀티태스킹을 한다. *
- 화상회의를 할 때 멀티태스킹을 한다. *

4. 타자성 (감정적인 관계와 관련) 진단
1=전혀 안 함, 2=매우 드묾, 3=드묾, 4=가끔, 5=자주(정기적)

- 내 감성지능EI의 약점을 알고 있고 개선할 계획을 가지고 있다.
- 어떤 업무를 하기 전에 사람들과 개인적인 관계를 만든다.
- 다른 사람들에게 관심을 보이려고 노력한다.
- 다른 사람의 관점을 이해하려고 노력한다.

- 긍정적인 감정을 가진 사람이 되려고 노력한다.
- 최대한 솔직하려고 노력한다.
- 관계에 대한 감정을 매일 평가한다.
- 상대방이 몸짓언어를 통해 보내는 메시지에 민감하다.
- 미팅에 참석하기 전 감정적으로나 정신적으로 회의에 전념할 준비가 되어 있는지 확인한다.
- 협업이란 누가 맞는지 판단하기 위한 경쟁이라고 생각한다. *
- 협업을 하는 이유는 바보같이 보이는 것을 피하기 위해서다. *
- 협업의 또 다른 목표는 '무시당하지' 않는 것이다. *
- 일과 시간에도 하던 업무를 멈추고 사람들과 교감한다.
- 부하직원들과 업무만이 아닌 사적인 질문과 대화를 한다.
- 회의가 끝날 때 참석자들에게 회의에 대한 평가를 묻는다.
- 협력할 때 내가 주장한 만큼 상대방의 의사를 확인하기 위해 질문한다.
- 협력할 때 정확한 것을 찾는 것이 옳은 말을 하는 사람을 찾는 것보다 더 중요한 것처럼 행동한다.
- 협력할 때 누가 틀렸는지보다 무엇이 틀렸는가에 초점을 맞춘다.
- 협업할 때 누가 적극적으로 참가하지 않는지 관심을 갖는다.
- 협업할 때 조용한 사람을 적극적으로 참여할 수 있도록 유도한다.
- 협업할 때 한 공간 내에 있는 '코끼리elephant in the room: 껄끄럽고 피하고 싶은 문제' 에 관심을 갖는다.
- 협력할 때 종종 어려운 문제를 제기하거나 '코끼리' 에 대해 이야기를 한다.

- 협력할 때 내가 모르는 것은 모른다고 말한다.
- 협력할 때 나의 신체적 반응과 몸짓언어에 관심을 갖는다.
- 방어적으로 반응하는 나를 느낄 수 있다.
- 보통, 사람들에게 무엇을 하고 어떻게 해야 하는지를 말한다. *
- 과도할 정도로 사람들에게 고마운 감정을 표현하기 위해 노력한다.
- 함께 일하는 직원들에게 어떻게 지내는지 안부를 묻고, 그들의 대답에 관심이 있음을 보여준다.
- 사람들에게 미소를 짓는다.
- 모든 일을 멈추고 잠시라도 상대방과 관계를 맺기 위해 노력한다.
- 직설적이고 정직하며 정중한 태도로 상대를 대한다.
- 내가 한 말과 약속을 지킨다.
- 다른 사람들에게 진정한 내 모습을 보여준다.
- 신뢰를 위해 나의 취약한 모습을 먼저 보여준다.
- 대화를 나누는 동안 상대방에게 집중한다.
- 상대방을 이해하기 위해 그 사람을 진심으로 알고 싶어한다.
- 다른 사람들에 대해 험담하지 않는다.
- 다른 사람이 말한 비밀을 지킨다.
- 상대방이 용기 내어 자신의 약점을 말하면 그의 비밀을 지켜준다.
- 용기 내서 내 생각에 도전하는 사람들에게 감사한 마음을 전한다.

진단을 통해 무엇을 알게 되었나?

이제 결과를 검토하고 의미를 부여할 단계이다. 모든 물음을 하나하나 검토해야 한다. 즉, 모든 하위 동작별 검토가 필요하다. 점수가 낮은 행동을 중심으로 검토해야 한다. 결과는 무엇을 말하고 있는가? 노력이 필요한 하위 행동은 어떤 것이 있는가? 노력이 필요한 하위 행동을 목록으로 만들어 관리해야 한다. 목록을 작성한 이후 다음 단계는 무엇인가?

1단계: 주요 행동과 하부 행동의 우선 순위를 명확히 하라

아래 그림 뉴 스마트 행동에서 가장 하위 단계에 있는 행동부터 개선을 시작하는 것이 좋다. 모든 행동들은 서로 연결되어 있다. 또한 서로 보완하고 보강하는 역할을 한다. 그렇기 때문에 가장 낮은 단계에 있는 행동을 기반으로 차근차근 개선해 나가는 것이 도움이 된다. 예를 들어, 자아통제와 숙고적 경청에서 낮은 점수를 받았다고 가정해 보자. 아래 피라미드를 보면 자아통제가 숙고적 경청보다 낮은 단계에 위치해 있다. 따라서 자아통제의 개선부터 시작하는 것이다. 우선 자아통제를 만드는 하위 행동 중 가장 낮은 점수를 받은 순서로 목록을 만들고 하위 행동 중 가장 낮은 점수를 받은 행동 1개 혹은 2개를 선택하여 행동의 개선과 개발을 시작하는 것이다. 이처럼 뉴 스마트 행동 개발을 위해서는 단계별로 천천히 올라가는 방법이 가장 효과적이다.

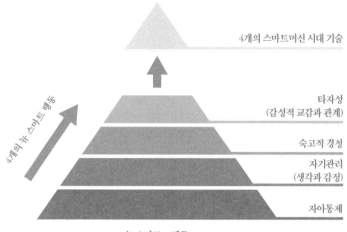

4개의 스마트머신 시대 기술

타자성
(감성적 교감과 관계)

숙고적 경청

자기관리
(생각과 감정)

자아통제

4개의 뉴 스마트 행동

뉴 스마트 + 행동

2단계: 이야기하기

하위 행동을 선택한 다음 단계는 신뢰하는 동료나 지인에게 개선하려는 행동과 개선을 하려는 이유를 함께 논의하는 것이다. 신뢰하는 지인들에게 당신의 행동을 지켜보고 피드백을 요청하는 것이다. 또한 그들에게 지지와 격려를 부탁하는 것도 도움이 된다. 행동의 변화와 개선방안을 지인들과 공유함으로써 자연스럽게 행동에 대한 의미와 중요성이 부여되어 더욱 헌신적으로 임할 수 있게 된다. 만약 나쁜 행동을 억제하려는 경우, 내가 그런 행동을 하는 이유와 나쁜 행동을 통해 얻는 이익을 파악하는 것이 중요하다. 이 또한 지인과 공유하는 것이 중요하다. 공유를 권하는 이유는 누군가와 대화를 할 때 행동에 대한 이유를 훨씬 쉽게 찾고 이해할 수 있기 때문이다.

3단계: 개선의 과학에서 배우기

이 책의 중요한 목적 중 하나는 사고능력, 경청능력, 관계와 협업능력 등을 높은 경지, 심지어는 전문가 수준까지 끌어올리는 것이다. 높은 지적 성과 달성에 대한 최고의 연구 2개를 선택한다면 콜로라도대학의 릴리 본과 엘리스 힐리 교수의 『절정의 성과를 위한 정신 훈련Train Your Mind for Peak Performance』과 플로리다주립대학 엔더스 에릭슨 교수의 『절정PEAK』* 이 될 것이다. 이들은 특정 행동이나 행동의 일부를 개선하기 위해 훈련을 일상화하고 타인으로부터 실시간 피드백을 받는 것이 중요하다고 강조하고 있다.

뉴 스마트 행동 전문가가 되기 위해서는 자기단련, 높은 동기부여, 인내심 그리고 '연습, 연습, 연습'이 필요하다. 그러나 훈련과 연습은 하위 행동을 잘하기 위한 것일 뿐이지 연습한다고 해서 주요 행동을 잘하게 된다고 단정지을 수는 없다. 예를 들어, 상대방의 말을 방해하지 않는 것이 숙고적 경청에 필수적인 하위 행동이지만, 방해를 안 한다고 해서 높은 수준의 숙고적 경청을 하는 것은 아니라는 뜻이다. 진정한 숙고적 경청을 하기 위해서는 숙고적 경청에 해당되는 모든 하위 행동들이 함께 개선되어야 한다.

연습하는 방법 또한 중요하다. 연습의 핵심은 원하는 행동을 의도적으로 구성요소별로 분리하는 것이다. 이것이 바로 우리가 하위 행동에 초점을 맞추는 이유다. 예를 들어, 뉴 스마트 행동 진단을 해본 수백 명의 사람들처럼, 숙고적 경청을 향상시켜야 한다고 가정해 보자. 불행하게도 숙고

---

* 국내에는 『1만 시간의 재발견』으로 소개되었다.

적 경청을 바로 연습할 수는 없다. 대신 숙고적 경청을 만드는 특정요소들을 분리하여 각 요소별 능력을 향상시키는 것이다. 4~7장 내용과 진단도구를 활용하면 모든 행동의 주요요소를 정리할 수 있을 것이다.

숙고적 경청을 위해 다음 3가지 행동요소를 개선한다고 가정하고 행동요소를 논리적으로 생각해 보자. ① 상대방과 대화할 때 열린 마음으로 대화에 집중하기, ② 다른 사람이 말하는 동안 방해하거나 끼어들지 않기, ③ 다른 사람을 평가하거나 생각을 말하기 전에 상대방을 완전히 이해했는지 질문으로 확인하기. 이 3가지 요소 중 어떤 것을 우선하여 연습하는 것이 좋을까? 2번과 3번을 하기 위해서는 우선 1번, 즉 열린 마음과 상대방의 말에 집중할 수 있어야 한다. 따라서 1번을 가장 먼저 연습해야 한다.

4단계: '전문가'의 조언 받기

숙고적 경청에 능숙한 사람을 알고 있는가? 그 사람에게 조언을 구할 수 있는가? 가까운 사이가 아니라도 그에게 그 사람의 능력을 존중하고 본인도 경청하기 위해 노력하고 있다고 말한 후 조언을 받기 바란다. 그들이 경청하는 동안 상대방에게 집중하는 방법, 예를 들어 대화 중에 결론을 내리지 않고 말하는 사람에게 집중하는 방법 등에 관해 질문하기 바란다. 또한 대답하기 전 상대방의 말을 완벽하게 이해했는지 확인하기 위해 먼저 질문하는 방법을 어떻게 배웠는지 묻는 방법도 좋다. 그는 어떤 방법으로 스스로를 모니터링하는가? 집중하고 열린 마음에 대해 어떤 조언을 하는가? 그들에게 숙고적 경청에 능숙해지는 방법을 자세히 알아보기 바란다.

5단계: 자신만의 실험하기

숙고적 경청을 향상시키기 위해 상대방에게 집중하고 열린 마음을 갖기로 결정했다고 가정해 보자. 어떻게 할 것인가? 4장에서 제시된 몇 가지 아이디어를 참고해볼 수 있다. 예를 들어 주의 깊고 정서적으로 긍정적인 자세를 갖기 위해 3장에 나오는 사전 미팅 가이드를 사용하기로 했다고 가정해보자. 첫 번째 실험은 회의나 대화를 통해 자신을 평가를 하는 것이다. 평가를 통해 부족한 부분을 확인한 후 연습과 훈련을 하고 다시 실험을 통해 확인하는 것이다. 대화하기 전 부족한 부분을 생각해보고 발표자의 말에 집중하고 당신의 대답을 생각하기 전에 상대방의 이야기를 듣고 이해하는 연습을 반복하는 것이다.

6단계: '몸 풀기'

5단계의 예를 계속 이어가도록 하자. 대화 전에 심호흡을 4번 하는데, 4초 동안 흡입하고 4초 동안 숨을 내쉬는 것이다. 심호흡을 한 이후 사랑하는 사람, 애완동물, 친한 친구, 좋은 일을 한 사람 등 당신에게 강한 긍정의 감정을 불러일으키는 사람을 생각하고 다음 문장을 반복한다. "내 생각은 내가 아니다.""내 정신적 모델은 현실이 아니다.""내가 이 일의 중심이 아니다.""배우기 위하여 경청하는 것이지 내가 옳다는 것을 확인하기 위함이 아니다."

이제 당신의 행동과 느낌을 정신적으로 시각화하는 훈련을 한다. 당신이 어떻게 앉고 어떤 자세가 가장 편하고 손은 펴고 있을지 아니면 주먹을 쥐고 있는지 등 대화하는 상황을 상상해 보는 것이다. 자주 웃고 상대방과 시선을 유지하고 편하게 앉아 자신의 모든 감각을 상대방에 집중하는 모습을 상상하는 것이다. 미팅 도중 다른 생각을 하거나 상대방의 말이 끝나기도 전에 다음 행동이나 대답을 하는 것을 생각하고 있다면 생각을 자제하고 다시 상대방에 집중하는 자신의 모습을 상상해 보자. 회의에서 집중력이 떨어져가는 상황이 발생하면 어떻게 할지 미리 연습하는 것이다. 예를 들어 스스로에게 "다시 집중하자" 또는 "그 생각은 그냥 흘려버리자"라고 말하는 것도 하나의 방법이 될 수 있다.

7단계: 의도적인 연습

이런 행동을 할 기회가 있을 때마다 연습을 하는 것이 중요하다. 단순히 머리로 이해한다고 해서 행동으로 옮겨지지 않는다는 것을 기억할 필요가 있다. 새로운 행동을 습관화하려면 동기와 집중력 그리고 지속적인 반복이 필요하다.

8단계: 평가하기

실험이 계속될수록 진도를 측정할 시간이 필요하다. 특정 대화가 끝나면 잠시 시간을 내어 머릿속으로 상황을 재생하여 채점하는 것이다. 대화하는 동안 몇 번이나 자기생각에 빠졌는가? 다른 사람이 말하는 중에 몇 번이나 속으로 답을 했는가? 몇 번이나 다른 업무를 생각했는가? 대화 중 집중력을 잃고 있다는 것을 몇 번이나 인식했는가? 질문에 답한 내용을 기록하고 자신에 대한 피드백을 기록해야 한다. 어떤 단계를 잘했는지 확인하고 매일 그리고 매월 결과를 기록하고 평가하기 바란다.

자신에 대한 평가가 끝나면, 집중하지 못했던 상황을 떠올려보는 것이다. 당신은 집중하지 않고 무엇을 하고 있었는가? 집중하지 못한 상황에는 어떤 패턴이 있는가? 그 당시의 감정이나 느낌을 다시 생각해 본다. 지루했는가? 다음 회의가 걱정되었는가? 방어적인 감정이 들었는가? 어떤 느낌이었는가? 집중력을 잃었을 때와 왜 집중력을 잃었는지를 이해하면 조기 경고 시스템을 만드는 데 도움이 될 수 있다.

적어도 며칠 동안 모든 회의에서 자신을 평가하고 진도를 모니터링 하는 것에 도움을 줄 수 있는 지인과 자주 대화를 나눠야 한다. 개선작업을 하는 동안 대부분의 항목에서 개선을 보이는데, 한가지 예를 들어 상대방이 이야기하는 동안 대답을 미리 생각하는 것에는 어려움을 겪고 있다고 가정해 보자. 그렇다면 해당 행동에 더욱 집중해야 한다. 회의에 들어가기 전 상대방을 '이해하기 위해 경청' 하기와 자신의 답을 말하기 전 상대방에게 먼저 질문하는 행동을 집중적으로 연습하는 것이다. 당신의 성과와 개선되는 당신을 보면서 기분이 좋아질 것이다. 행동마다 개선되는 속도가 다르기 때문에 포기하지 않는 끈기가 필요하다. 지인으로부터 도움을 받을 수 있다면 큰 도움이 될 것이다. 우리는 아무런 생각 없이 여러 개의 미팅을 진행할 때가 있다. 미팅과 미팅 사이에 5분가량의 시간을 가질 필요가 있다. 그 짧은 시간 동안 이전 미팅에서 잘못된 모습을 반성하고 다음 미팅에 어떻게 개선할지를 미리 생각하는 시간을 갖는다.

만약 계획이 효과가 없다면 전문가에게 조언을 받는 것도 방법이 될 수 있다. 특정 행동을 잘하는 사람에게 어떻게 하는지 물어보고 방법을 찾는 것이다. 가장 중요한 것은 포기하지 않는 것이다. 계속해서 새로운 것을 시도하고 성과가 있을 때까지 노력해야 한다. 우리는 아인슈타인의 공식을 만드는 것이 아니라 당신이 경청하는 행동을 관리하는 방법을 찾고 있다. 그것을 명심해야 한다. 몇 가지 다른 접근법을 시도해야 할 수도 있다. 핵심은 포기하지 않는 것이다. 많은 사람들을 대상으로 진단을 진행하면서 노력이 부족하다는 것을 발견했다. 그러나 열심히 하는 사람은 직장뿐만 아니라 개인생활에서도 긍정적인 결과를 얻었고, 긍정적인 결과는 지속적인 노력을 위한 동기부여가 된다.

9단계: 인내를 가지고 작은 개선도 음미하고 끈기를 가지고 노력하라

연구를 통해 배운 한 가지 교훈은 높은 사고력, 경청하는 능력, 좋은 관계를 만들고 유지하는 사람은 그것을 결코 당연한 결과라고 받아들이지 않는다는 것이다. 그들은 프로세스, 점검표, 템플릿, 피드백 등을 사용하여 집중력을 잃지 않도록 노력한다. 그들은 인간의 본능인 게으름과 방어적 성향으로의 회귀에 대해 피해망상적인 집념이 있다. 그들은 자신감을 향상시키기 위해 동기부여가 매일 필요하다는 것을 알고 있다.

당신은 실수를 할 것이다. 실수를 배움의 도구로 활용하고 방향을 잃지 않도록 유의해야 한다. 하루에 하나씩 하기 바란다. 완벽함은 불가능하지만, 점진적으로 향상시킬 수는 있다. 지난 수십 년 동안 만들어진 습관을 바꾸는 일이라는 것을 잊어서는 안 된다. 하루 아침에 변할 수는 없지만 한 걸음씩 앞으로 나아가면 된다. 잠재력을 최대한 발휘하기 위해 끊임없이 노력하는 그 자체만으로도 의미 있는 학습 여정이 될 수 있다.

나는 숙고적 경청을 향상시키기 위한 길고도 잔인한 여정을 감당해야 했다. 말했듯이, 대화나 모임에서 상대방이 말하는 중간에 끼어드는 나쁜 경청습관이 있었다. 나는 이런 나쁜 습관을 바꾸고 싶었다. 그래서 멈추기 위한 방법으로 상대방의 말이 끝나면 열을 세고 난 후 말을 하기로 마음을 먹었지만 아무런 효과가 없었다. 또 다른 방법으로 왼쪽 발등에 오른발 발뒤꿈치를 올려 놓고 상대방의 말을 방해하기 시작하는 기미가 보일 때마다 발등을 꽉 누르기로 했다. 그러나 이 역시 아무런 효과 없이 발만 아팠다.

나는 추가적인 도움이 필요하다는 것을 깨닫고 친한 지인에게 도움을 요청했다. 그는 『변화면역Immunity to Change』의 저자 로버트 캐건과 리사 라스코우 라헤이였다. 그는 캐건과 라헤이의 책에서, 대부분의 사람들이 특정 행동을 하는 이유는 그들에게 유리한 결과를 가져다 주기 때문이라고 설명하고 있다는 것을 알려 주었다. 특정 행동을 하는 근본적인 이유를 모르는 상태에서 그 행동을 바꾸기는 매우 어렵다는 것이다.

지인과 2시간여 동안 통화한 후 마침내 내가 대화 중 다른 사람의 말에 끼어드는 결정적인 이유를 알게 되었다. 나는 똑똑하게 보이려고 다른 사람의 말을 대신 끝내주는 습관이 있었던 것이다. 이런 행동이 거만하거나 무례하다고 생각하지 않았다. 나는 무의식적으로 올바른 대답을 남들보다 빨리 말하지 않으면 다른 사람들이 나를 똑똑하다고 생각하지 않는다고 믿었던 것이다. 이런 믿음은 내가 행동을 바꾸는 데 가장 큰 걸림돌이었다. 행동을 바꾸려면 내 믿음이 틀렸다는 것을 입증해야 했다. 내 생각이 틀렸다는 것이 입증이 되어야 행동을 멈출 수 있다는 것이다. 즉 내가 다른 사람의 말에 끼어드는 것과 내가 똑똑해 보이는 것과는 아무런 상관관계가 없음을 확인해야 했다. 내 가정이 거짓으로 판명된다면, 행동을 보다 쉽게 바꿀 수 있게 된다.

그래서 실험을 위해 회의에서 사람들을 방해하지 않기로 결심했다. 회의가 끝나고 참석자들에게 내 행동에 대한 피드백을 부탁했다. 결과는 너무나도 당연했다. 모든 참석자들은 내가 상대방에게 집중하고 직급을 내세우기 전에 다른 사람을 이해하려고 노력하는 것으로 평가했다. 내가 똑똑하지 않다고 생각하는 사람은 아무도 없었다. 오히려 참석자 중 일부는 새로운 행동으로 인해 회의가 더 효과적이었다고 생각했으며, 과거 무례했던 행동들이 사라져 회의가 좋았다는 사람도 있었다.

내 경험을 여러분과 공유하는 이유는 행동을 바꾸는 것은 매우 어렵고 특정 행동을 바꾸려면 근본적인 원인을 찾아야 한다는 것을 알려주기 위해서다. 원인을 찾아야 특정 행동에 대한 정신적 모델을 바꿀 수 있고, 정신적 모델이 변해야 행동이 변할 수 있다는 좋은 예이기 때문이다.

Part 3
뉴 스마트 조직

Chapter 9

뉴 스마트 조직 이끌기

이번 장은 미래의 조직에 필요한 조직환경을 어떻게 조성할 것인가에 중점을 두고 있다. 미래의 조직은 휴밀리티에 기초한 정신적 모델을 장려하고 뉴 스마트 행동을 포용하는 구조, 문화, 인적자원 정책, 리더의 행동, 성과 측정, 보상 체계 등을 갖춘 조직적 시스템을 갖추어야 한다. 우리는 미래가 어떻게 될지 아무도 정확히 예측할 수 없다. 그러나 연구 결과에 따르면 다음과 같은 일이 발생할 가능성이 매우 높은 것으로 전망되고 있다.

1. 미래의 조직은 기술의 변화, 인구통계학적 변화, 세계경제 중심의 변화, 그리고 가속화되는 투명성, 연결성, 불확실성 등의 결합으로 오늘날의 조직과는 크게 달라질 것이다.
2. 미래의 조직은 스마트 로봇 및 스마트 기계와 인간과의 조합에 의해 인력의 재배치가 이루어질 것이다. 인간은 기술을 보완하거나 기술이 수행할 수 없는 작업과 업무를 담당하게 될 것이다.

3. 테크놀로지는 회계, 품질관리, 재무관리, 운영, 마케팅, 전략, 물류, 유통 프로세스, 의사결정 등과 같은 비즈니스 기능에 중요한 역할을 할 것이다. 그것은 아마도 인력 감소를 의미할 가능성이 높고 일부 산업에서는 인원 감축 규모가 상당히 클 가능성이 있다.

4. 공정과 생산 프로세스는 테크놀로지가 주도하고 범용화될 가능성이 높다. 인간은 가치 창출, 차별화, 혁신 등을 주도하게 될 것이다.

5. 조직의 지속가능한 경쟁력을 유지하기 위해서는 급변하는 경영환경을 경쟁사보다 더 빨리 학습하고 적응하는 능력이 요구될 것이다.

6. 이런 환경에서 인력 개발은 개인과 조직의 필수 전략과제이다. 그 이유는 뉴 스마트 행동은 인간만이 할 수 있고 변하는 환경에 적응하기 위한 인력 개발이 필요하기 때문이다.

7. 전 세계적으로 재능 있는 인력에 대한 수요가 높아질 것이다. 우수 인력들은 지역이나 근속기간 보장보다 업무의 의미, 성장 가능성 및 발전 가능성 등에 더 큰 가치를 부여할 것이다.

8. 고차원적인 비판적 사고, 혁신적 사고, 독창성, 다른 사람들과의 높은 정서적 관계 등 4개의 스마트머신 시대 필요 역량을 확보하기 위해 우수 인력이 필요하다. 경영자와 관리자는 끊임없이 변하는 환경에서 가치 창출을 위해 최고 수준의 업무능력을 이끌어내고, 테크놀로지와 인간 간의 융합을 촉진할 수 있는 환경조건을 만들어야 한다.

9. 인간은 보다 민첩하고 적응력이 있어야 하며 환경 변화에 맞춰 정신적 모델을 변화시킬 수 있어야 한다. 조직은 환경변화에 따라 조직의 가치를 업그레이드해야 한다. 조직과 조직을 구성하는 구성원들은 반복적 학습에 탁월하고 어려운 문제를 해결하고 혁신을 통해 가치를 창출해야 한다.

10. 조직의 경쟁우위는 구성원들의 편향적이고 팀워크를 저해하는 방어적 사고와, 자존심, 두려움 등 인간의 자기중심적 성향에 대한 극복 여부에 달려 있다. 즉, 일부 산업에서는 신규사업 개발만큼 인적자원 개발에 탁월한 기업이 성공하게 될 것이다.

11. 모든 조직은 3개의 문제에 직면할 것이다.

- 주주의 요구를 충족시키기 위하여 경쟁사보다 신속하게 학습하고, 적응하고, 혁신할 수 있는가?
- 임직원이 비판적 사고, 창의력, 혁신, 인력 개발 등을 장려하여 최고의 능력을 발휘할 수 있는 근무환경이 조성되었는가?
- 최고의 인력(탁월한 사고력, 학습능력, 협업능력)을 채용하고 개발하고 유지하는 등 인력관리 프로세스를 보유하고 있는가?

기업은 위의 과제를 해결하기 위해 조직을 어떻게 재설계해야 하는가?

첫째, 적절한 유형의 채용 프로세스를 통해 환경에 적합한 인력을 업무에 투입해야 한다. 이러한 시스템은 뉴 스마트 행동을 활성화한다. 혁신적인 조직에는 혁신가가 있어야 한다. 산업 파괴 기업들은 파괴적 조직이 있어야 한다. 학습적 조직에는 학습자가 있어야 한다. 가까운 미래에 필요한 조직원은 스마트머신 시대 역량과 뉴 스마트 행동에 탁월한 사람이다.

둘째, 해결방안은 경제학, 금융, 전략, 공학, 컴퓨터 과학 등이 아니라 학습과학, 인지능력, 사회, 긍정, 교육, 임상심리학 등에서 찾게 될 가능성이 높다. 미래조직을 위한 문화와 리더십 모델은 아래 3개의 심리학적 개념을 기반으로 구축될 것이다.

1. 긍정
2. 자기결정 이론
3. 심리적 안정감

유명한 인본주의 심리학자 에이브러햄 매슬로는 사람이 "궁금함과 환경에 관심을 갖고 두려움에 사로 잡히지 않는 범위 내에서만 자신이 가진 능력을 발휘할 수 있다"라고 했다.

테크놀로지가 사람중심의 기업을 만든다

높은 수준의 사고능력과 감정적인 참여가 요구되는 새로운 유형의 작업환경은 올드 스마트와 산업시대의 관리철학 및 프로세스를 기반으로 하는 구시대적 조직환경과 큰 차이가 있다. 우리는 미래의 성공 기업은 사람중심적이고 고도의 학습을 통해 최고의 테크놀로지를 개발하고 혁신적 사상이 가능한 학습적 조직으로 구성될 것이라고 생각한다.

'최고의 학습능력'을 보유하기 위해서는 단순히 학습에 대한 기술적인 능력만 필요한 것은 아니다. 높은 수준의 인지능력과 정서적인 능력도 필요하다. 우리는 "알지 못함에 (과학자처럼 생각하고, 두려움과 자아를 완화하고, 숙고적 경청, 의미 있는 협력, 다른 사람들과의 감정적인 관계 등과 불확실하고 복잡한 환경에서 경쟁하는 것) 대처할 수 있는" 능력에도 탁월해야 한다.

우리는 생각하는 것보다 훨씬 높은 수준의 사고와 감정적 능력으로 진화시키고 발전시켜야 한다. 최고의 학습능력과 재능을 가진 인재를 채용하고 그들의 능력을 개발하고 유지해야 한다. 또한 학습과학을 사용하여 조직에 요구되는 최적화된 사고방식과 행동을 촉진하는 근무 환경을 조성해야 한다. 사고방식과 행동을 저해하는 환경요소는 최소화해야 한다. 테크놀로지의 발달로 임직원의 수는 급격하게 줄어들어 비인간적인 조직이 되겠지만, 아이러니하게도 기업은 남아 있는 인적자원을 활용하기 위해 인간의 능력을 끌어낼 수 있는 사람중심의 조직문화를 만들어야 한다.

과거 기업과 새로운 기업의 조직문화 비교

과거 기업 문화	새로운 기업 문화
개인 성과주의	팀 성과주의
조직 내 개인 혹은 각 팀의 숨은 전략이 존재	투명성을 강조
높은 직급은 곧 절대적 권력을 상징	최고의 아이디어와 논리가 중심
확인과 확정을 위한 경청	학습을 위한 경청
성공하기 위한 말하기	모르는 것을 알기 위한 질문
지식 / 알고 있는 것에 집중	모르는 일도 태연하게 수용
IQ (지능지수) 로 평가	IQ(지능지수) 와 EQ(감성지수)를 함께 활용
실수는 곧 비용이며, 하지 말아야 할 것으로 간주	실수는 혁신의 기회이며, 학습으로 개선
경쟁	협력
자기 홍보위주	자신을 관찰

세계적인 기업들은 이미 '새로운 문화'를 향해 변화를 시도하고 있다. 구글, 인튜이트 등과 같은 IT기업은 물론 픽사와 IDEO 같은 독창성을 기반으로 하는 기업, 브리지워터와 같이 금융투자를 하는 기업 그리고 미해군 특수부대에서도 변화는 진행 중이다.

2장과 3장에서 거론되었듯이 위의 기업들은 뉴 스마트와 휴밀리티에 기초한 사고방식을 그들만의 방식으로 기업문화와 리더들의 행동에 적용하고 있다. 이 기업들은 직원 채용에도 막대한 금액, 인력, 시간 등을 투자하고 있다. 직원 한 명을 채용하더라도 고도의 하이퍼러닝 hyperlearning(후술 내용 참조) 조직환경에서 성공할 수 있는 인재 '채용' 모델을 통해 인력이 충원된다. 이 기업들은 올바른 부서에 필요한 인재를 배치하고 올바른 학습과정을 거쳐야만 최고 수준의 성과를 낼 수 있음을 정확히 이해하고 있다.

모든 것의 중심은 감정이다

하이퍼러닝hyperlearning은 민첩하고, 빠르게 학습하며, 참여를 유도하고, 결단을 내리고, 끊임없이 열망을 추구하는 학습이다. 인간의 학습은 인지적이고 감성적이다. 모든 비즈니스에는 분석적 프로세스와 혁신적 프로세스가 있다. 이런 프로세스에도 일정 수준의 하이퍼러닝이 필요하지만 완전한 하이퍼러닝은 요구되지 않는다. 오늘날 대부분의 기업이 부족한 부분은 비판적 사고, 창의력, 혁신, 협업, 감성적 교감 등이 포함되어 있는 정서적인 학습이다. 스마트머신 시대에서 최적의 성과를 달성하기 위해서는 자아와 공포를 통제할 수 있는 능력과 다른 사람과 감성적 교감을 할 수 있는 높은 감성적인 자신감이 필요하다.

수년 전, 혁신으로 잘 알려진 기업들의 혁신과 R & D 담당자 7명에게 아래와 같이 질문한 적이 있다.

1. 혁신을 억제하는 가장 큰 원인은 무엇입니까?
2. 혁신가의 주요 특성은 무엇입니까?
3. 혁신을 가속화하기 위해 회사가 할 수 있는 것은 무엇입니까?

그들의 공통적인 대답은 두려움이나 겁을 없애고, 지적 용기가 필요하다는 것이었다. 또한 CEO는 사고능력, 경청능력, 임직원과의 관계 등을 통해 혁신적인 행동을 유도하고 조직의 역할모델이 되어야 한다고 했다. 이런 환경을 가능하게 하는 업무환경은 어떤 것일까? 지난 30여 년간 심리학, 조직행동론, 리더십 등에 대한 연구는 긍정적인 태도와 자기결정권에 대한 욕구 충족, 그리고 심리적인 안정감을 느끼는 환경에서 지속적이고 탁월한 성과를 거둘 수 있다고 말하고 있다. 즉 임직원이 직장에서 의미를 찾을 수 있고, 업무에 대한 권한과 직무적 안정감이 보장될 때 높은 성과가 만들어진다는 것이다.

긍정적 감정의 힘

바버라 프레드릭슨과 앨리스 이젠을 비롯하여 인지, 사회, 긍정 등에 정통한 심리학자들은 긍정적인 감정은 인지과정, 혁신적인 사고 및 창의성을 향상시키고 정확한 판단과 의사결정을 내리는 데 도움을 준다고 설명한다. 반면에 부정적인 감정(특히 두려움과 불안감)은 반대 효과를 초래한다. 직장에서 느끼는 두려움과 불안감은 상사나 동료들에 의한 평판 악화, 자기 주장을 펼칠 때의 두려움, 실수, 고용 불안 등 여러 가지 형태로 나타날 수 있다.

누구든 특정 상황에 대해 일정 부분 불안함과 두려움을 가지고 있다. 불안감이나 두려움을 완전히 제거할 수는 없다. 그러나 성공하는 조직과 실패하는 조직의 차이는 불안함과 두려움의 정도와 부정적인 감정을 어떻게 통제하고 관리하는지에 달려 있다. 우리 모두 다른 사람들에게 잘 보이고 싶고 다른 사람과 잘 어울리고 조직의 일원이 되고 싶어 한다. 우리가 아무리 자아를 통제하고 자기관리(사고와 감정)를 연습하여 완벽하게 실행으로 옮기더라도 환경적으로 부정적인 감정이 조성된다면 학습은 물론 협력도 기대할 수 없다.

기업환경과 문화는 두려움이나 불안감과 같은 부정적인 감정을 최소화하도록 설계되어야 한다. 즉, 인본주의적인 기업환경이 조성되어야 한다는 것을 의미한다. 이는 주요 연구가 세계적인 기업들의 공통점이 높은 직원 참여율과 사람중심의 기업환경과 문화가 조성되어 있다는 사실을 지적하고 있는 것과 일치하는 내용이다. 이러한 유형의 기업들은 리더들의 행동, 인사 정책, 성과 평가 및 보상 체계 등 기업의 환경과 문화가 사람중심으로 설계되어있다. 정책과 체계에서 직원을 매우 중요한 핵심 요소로 생각하고 직원들에게 관심을 기울이고 있다는 일관된 자기충족적인 메시지를 전달한다. 이 기업들은 상호책임에 높은 가치를 부여하고 있다. 조직의 평가 기준이 높기 때문에 일하기 '쉬운' 직장은 아니지만 긍정적이고 임직원 중심의 환경을 통해 균형을 유지하고 있다. 언급되지는 않았지만 긍정적인 기업환경과 문화를 조성하고 있는 기업으로는 시스코^{Sysco}, UPSUnited Parcel Service, 사우스웨스트항공^{Southwest Airlines}, 스타벅스, W. L. 고어^{W. L. Gore & Associates}, 미 해병대 및 레비 레스토랑^{Levy} ^{Restaurants} 등을 예로 들을 수 있다.

생각할 문제

그동안 속했던 조직 중 최고의 성과를 낼 수 있었던 조직을 생각해 보기 바란다.

- 어떤 환경에서 업무를 수행했는가?
- 이런 환경에서 어떤 느낌을 받았나?

월급을 받기 위해 일했던 조직을 한번 생각해 보기 바란다.

- 어떤 환경에서 업무를 했는가?
- 이런 환경에서 어떤 느낌을 받았는가?

둘 중 어떤 환경에서 최선을 다 하고 좋은 결과를 얻을 수 있었나?

나는 불행 중 다행으로 긍정적인 환경의 기업과 부정적인 기업 모두에서 일한 경험이 있다. 긍정적인 환경이 조성된 기업은 부정적인 환경의 기업에 비해 더욱 활기차고 배려 깊고 고무적이며 재미와 의미가 있다는 것을 경험했다. 어떻게 보면 당연한 결과다. 또한 긍정적인 환경은 심리적인 행복을 증가시키고 적은 에너지를 사용해도 높은 능률을 보였다. 긍정의 힘은 동기부여를 돕고 최선을 다해 노력하게 하는 힘이 있다. 이런 환경을 가진 기업은 높은 강도와 효율적인 업무를 요구하기 때문에 이런 기업에서 일하는 것 역시 쉬운 일이 아니다. 조직의 기준은 매우 높다. 하지만 사람을 소중하게 생각하는 조직문화이기 때문에 능력을 인정받는다는 느낌을 받고 직장 동료를 소중하게 생각하게 된다. 조직원들은 일하기를 고대하고 즐거워한다. 개개인은 조직과 함께 업무에서 배우고, 생각하고, 협력한다. 직장에서의 긍정적인 효과는 일상으로도 이어진다. 직장에서 느끼는 자신감과 행복은 일상생활로까지 확대된다. 우리 자녀들과 배우자들은 우리의 긍정적인 모습에 주목하게 되고 함께 보다 많은 시간을 함께 보내고자 할 것이다.

자기결정의 필요성

심리학자 에드워드 L. 디시와 리처드 라이언이 개발한 자기결정 이론 Self_Determination Theory, SDT은 인간 자극과 관련하여 가장 잘 알려진 이론 중

하나다. SDT에 따르면 본질적인 동기(새롭고 도전적인 상황을 찾아 사회적 의무를 수행하고, 성과에 대해 외적 보상을 얻기 위해 향상되는 행동과 능력)는 인간의 선천적인 요구 3가지가 충족되어야 한다.

1. 자율성: 자유의지와 자주성에 대한 경험
2. 연관성: 상호존중과 타인과의 신뢰성 형성
3. 역량: 최적의 도전 과제를 성공적으로 수행하고 원하는 결과를 달성할 수 있는 능력

내 책 중 『학습하거나 죽거나』에서 지난 30여 년간의 고성과기업을 연구한 결과 기업의 성과는 임직원들의 높은 참여도와 상관관계가 있다는 것을 발견했다. 또한 임직원들의 높은 참여도는 개인의 권한에 대한 욕구를 충족시키는 것과 연관성이 있다. 따라서 임직원들이 직장에서 자율성, 연관성, 효율성 등에 대한 권한을 가지고 있다고 느끼면 직원들의 참여도는 높아질 것이며 이는 높은 성과로 이어진다는 것이다.

| 독립성

자율성에 대한 선천적인 욕구를 충족시키는 환경을 조성한다는 것은 무엇을 의미할까? 단순히 자유를 제공하는 것으로 끝나지 않는다. 또한 미시관리micromanagement를 부정하거나 통제에 대한 권한을 표면적으로 부여하는 것을 의미하지도 않는다.

직원들에게 그들이 하는 업무가 기업의 성공과 가치 창출에 의미를 부

여하는 권한과 기업과 조직에 조언할 수 있는 선택권을 부여하는 것이다. 즉, 사람들에게 존중받고, 긍정적으로 생각하고, 조직과 회사는 개인의 말에도 귀를 기울인다는 문화를 만드는 것을 의미한다. 기업은 임직원을 바퀴 달린 톱니바퀴처럼 대하는 것이 아니다. 상사나 관리자는 직원들과 상호적인 대인관계를 유지하고 직원들과 전정한 관계를 만드는 데에 의미가 있다.

최근 페이스북이 회사 전반에 걸쳐 실시한 프로젝트에서 독립성의 중요성이 확인되었다. 지난 2016년 페이스북은 실적이 가장 우수한 팀의 특징을 분석한 결과를 공개했다. 이 프로젝트의 목적은 우수 관리자가 높은 성과를 얻기 위해 어떤 행동을 했는지를 알아보기 위한 프로젝트였다. 연구 결과 페이스북에서 가장 우수한 성과를 달성한 팀의 관리자들은 공통적으로 팀원들에게 많은 관심을 보이고 있었다. 즉 관리자와 팀원 간 활발한 소통이 성공의 비결이었으며, 소통은 위에서 아래로 흐르는 구조였다. 미국의 여론조사 기업 갤럽에서도 비슷한 조사 결과를 발표했다. 갤럽은 지난 십수 년간 진행한 「Q12 Employee Engagement(종업원 몰입도)」 진단에서 직원들의 직무 만족도에 가장 중요한 요소는 상사와의 관계였다. 이러한 결과는 모두 개인으로서 존중을 받는 자율성에 관한 것이다. 개인에 대한 존중, 특히 상사와의 긍정적 관계가 유지될 때 임직원의 높은 업무 만족도는 물론 높은 성과도 가능하다.

지난 10년간 수천 명의 비즈니스 리더들에게 독립성에 대한 질문을 했다. 모든 리더들은 유사한 반응을 보였다. 상사가 직원의 독립성을 인정하고 직장에서 존중받는다고 생각할 때 개인뿐만 아니라 팀의 성과에도 긍정적인 영향을 미친다는 것이다. 긍정과 마찬가지로 개인의 느낌도 조직의 성과에 큰 역할을 한다. 임직원들이 느끼는 감정은 상사와 조직으로부터 자신이 받는 처우와 다른 직원들이 받는 처우에 따라 결정된다. 이것은 기업문화, 프로세스, 리더의 행동 등에 달려 있다. 좋은 의도만으로는 충분하지 않다. 기업의 사명과 비전 선언문은 행동이 아니다. 만약 당신이 리더나 관리자라면 당신의 사소한 행동에도 의미가 있고 결과가 따른다는 것을 기억하기 바란다.

생각할 문제 💡

- 당신은 임직원을 주주의 돈을 벌어주는 기계의 톱니바퀴처럼 취급하는 회사와 혹은 그 반대로 사람을 존중하는 기업에서 일한 적이 있는가? 어떤 차이점이 있었는가?
- 상사가 시간을 투자하여 상호관계를 만들어가는 조직에서 일한 적이 있는가? 상사가 당신의 의견과 생각을 받아들이고 존중하는 조직에서 일한 적이 있는가? 기분이 어떠했나?
- 최고의 상사는 누구인가? 그가 좋은 상사였던 이유는 무엇인가? 그의 어떤 행동이 그를 최고로 만들었다고 생각하는가?

이제 당신이 경험한 최악의 상사에 대해 생각해 보기 바란다.
그를 최악으로 만들었던 행동에는 어떤 것이 있는가?
그와 함께 일하는 동안 어떤 느낌이 들었는가?

관계성

SDT와 관련한 두 번째 부분은 업무에 대한 의미와 친밀한 관계가 있다. 조직은 구성원 간 소통하고 신뢰를 구축할 수 있는 기회를 제공해야 한다. 이는 많은 시간을 투자해야 한다는 것을 의미한다. 관계를 형성하고 구성원들을 하나로 만들 수 있는 업무 환경을 설계하여 비업무적인 관점에서도 소통할 수 있어야 한다. 즉 소그룹으로 구성되어 개인적인 이야기와 생각을 나눌 수 있고 업무적인 대화뿐만 아니라 개인적인 현황도 파악할 수 있는 시간과 장소가 있어야 한다. 뉴 스마트 관리자와 리더들은 신뢰 구축은 투자라는 인식을 가져야 한다. 시간을 투자하여 신뢰를 구축하면 보다 생산적인 협업, 사고, 창의력, 혁신 등을 통해 보상을 받는다는 것을 깨달아야 한다.

생각할 문제 🔆

지금까지 우리는 근무환경이 긍정적이며 자아결정 욕구를 충족시켜야 하는 이유에 대해 논의했다.

- 인간의 사고와 협업능력을 최고 수준으로 향상시키기 위한 SDT의 필요성을 이해하는가?
- 자존심에 대한 보호와 내면에 초점을 두지 않고 외적인 면과 주변 환경에 자신의 에너지를 활용하기 위해서는 정서적인 안정과 자신의 가치를 느껴야 한다는 것에 동의하는가?
- 만약 자신의 가치가 떨어지고 업무에 대한 두려움을 느낀다면 최고의 상태로 업무에 임할 수 없다는 것에 동의하는가?

능숙도　세 번째 선천적인 심리적 욕구는 환경에 효과적이고 환경을 지배해야 한다는 것이다. 이를 위해서는 관리자와 리더가 각 직원들의 강점, 약점, 목표 등을 이해하고 인간으로서 직원들에게 다가가야 한다. 또한 직원들이 목표에 도달할 수 있도록 필요한 교육을 이수하고 성장할 수 있는 기회를 제공해야 한다. 관리자는 인력 개발에 대한 책임을 져야 한다.

다시 말하면 모든 임직원들이 지속적인 학습과 혁신을 추구할 수 있도록 업무에 대한 높은 인지와 감성적인 참여가 필요하다. 과학적으로 직원들의 적극적인 참여를 원한다면 조직은 사람을 중심으로 구성되어야 하고 긍정적인 조직문화가 조성되어야 하며, 자아결정 욕구가 리더, 관리자, 팀원 등의 행동을 통해 충족되어야 한다.

심리적 안정

직장에서의 두려움을 완화시키려면 심리적 안정이 필요하다. 연구에 따르면 심리적으로 안정되지 않는 경우 조직은 고도의 사고력과 혁신을 완전히 포용할 수 없다. 또한 조직은 팀원 간 건설적인 피드백을 주고받을 수 없으며, 현상 유지에만 집중하고 개선이나 문제 해결을 위한 어려운 질문은 하지 않게 된다. 조직은 폐쇄적으로 되어 새로운 일에 도전하지 못하고 실패를 두려워하게 된다. 하버드경영대학 교수이자 심리학적 안정성에 관한 최고 권위자 에이미 에몬드 먼은, 심리적 안정이 조직학습의 필수적인 요소라고 말하고 있다.

심리적으로 느끼는 안정은 보복(예를 들어 사회적으로 배척당하는 행위, 좋은 프로젝트에서 제외되는 것, 보너스가 줄거나 연봉이 삭감되는 것, 다른 팀으로 옮겨지거나 해고당하는 것 등)으로부터 안전함을 느끼는 것이다. 와튼스쿨의 애덤 그랜트 교수는 『오리지널스Originals』에서 "우리 중 대부분은 눈에 띄기보다는 적당하게 잘 어울리려고 노력한다"라고 했다. 이런 조직적 행동은 독재적이고 통제적이며, 거만하여 모든 것을 알고 있다는 유형의 리더를 조직문화에서 찾아볼 수 있다. 즉 일반 임직원이나 조직원은 성과에 대한 책임을 지거나 문제를 해결할 수 없는 조직인 것이다. 심리적으로 안정을 느끼는 환경은 솔직한 문화, 자유롭게 발언할 수 있게 권한을 부여하는 문화, 학습적 실패(재정적인 위험 한도 내에서)를 할 수 있는 문화 등을 가능하게 한다. 하지만 엘리트주의, 계층주의, 계급주의(보상과 관련한 사항은 제외) 등은 지양해야 한다. 심리적으로 안정적인 조직은 모든 임직원들이 목소리를 높일 수 있는 환경이어야 한다.

심리적으로 안정을 느끼는 사람들은 ① 자신의 생각에 대한 건설적인 피드백과 반대되는 정보를 추구하고, ② 조직의 고위직을 포함한 모든 사람의 생각과 아이디어에 피드백을 주고 도전할 수 있어야 한다. 안정성을 느끼면 자신의 생각을 말할 수 있고 새로운 시도를 하고 뉴 스마트 방식으로 행동할 수 있는 용기를 갖게 된다. 창의력, 탐구능력, 혁신 등을 하기 위해서는 심리적인 안정이 필요하다. 안정성을 느낀다는 것은 당신이 배우려고 노력할 때 직장 상사, 고용주 또는 동료 등이 문제 삼지 않고 어떤 불이익도 받지 않는다는 확신을 갖는 것이다. 즉 모르는 것을 모른다고 할 때 조직적 불이익이 발생하지 않는 것이다.

그러나 상급자 앞에서 자신의 생각을 자연스럽게 말하는 것은 계급사회와 부모와 어른을 존중하는 문화적 기준과 상반된다. 또한 많은 사람들은 군중 앞에서 말하거나 나서는 것을 두려워한다. 따라서 개인의 의지보다는 환경이 우선적으로 조성이 되어야만 가능하다. 심리적으로 안정된 환경을 조성하기 위해서는 걸림돌을 완화하거나 제거해야 한다. 자유롭게 말할 수 있는 환경을 활성화하고 행동에 대한 보상이 따라야 한다. 우리가 언급하는 '말하기'는 오만하거나 이기적인 말에 관한 것이 아니다. 우리는 최상의 해답을 찾고 협업을 바탕으로 하는 높은 수준의 질문을 의미하는 것이다.

자유롭게 말할 수 있는 권한을 부여하는 것만으로는 충분하지 않다. 자유롭게 말하는 것을 공개적으로 인정하고 정서적으로 보상받아야 한다. 심리적 안정을 무효화하는 리더십 및 관리자의 행동은 용납될 수 없다. 리더와 관리자는 휴밀리티에 기초한 마인드를 가져야 하며, 직원들의 역할 모델이 되어야 한다. 리더들의 뉴 스마트 행동 모델에는 자아통제와 숙고적 경청이 포함된다. 리더들은 임직원 모두에게 자신의 생각과 견해에 대해 공개적으로 도전을 요청하고 받아들여야 한다. 상하 직위를 불문하고 자연스러운 대화가 가능해야 한다. 이런 환경에서는 리더도 인간이 되어야 한다. 압도적이고 모든 것을 아는 엘리트주의적인 지도자들은 새로운 세계에서 심각한 도전을 받게 될 것이다. 리더들도 모르거나 틀린 것을 받아들이고 함께 학습하고 발전할 준비가 되어야 한다.

나는 아주 운이 좋았다. 심리적으로 안정을 느끼지 못하는 조직을 경험할 기회가 있었다. 어려운 문제를 제기하거나 그룹의 의견과 달리하면 위험하다고 느꼈던 곳이었다. 그 기업의 CEO는 좋은 결과만 듣고 싶다는 것을 분명히 했다. 나는 CEO와의 만남을 자연스럽게 피하게 되었다. 아주 우울한 경험이었다. 항상 조심해야 했다. 이런 CEO 밑에서 최고가 될 수 없었다. 나는 조용히 아무 말도 못하는 내 모습에 실망했고 변화를 시도했을 땐 오히려 징계를 받아 크게 실망했었다. 나는 말하는 것을 조심해야 했고 누구한테 어떤 말을 할 수 있고 없는지를 항상 고민해야 했다. 모든 사람과 상황을 경계해야 했다. 회사 시스템을 신뢰하지 않았고 복잡한 대화를 벌하는 문화였기 때문에 목표에 못 미치는 성과나 행동에 대해 아무도 책임지지 않았다. 이런 환경은 전적으로 업무와 팀에만 집중하게 만들었고 임원진들과의 만남이나 미팅에는 가능한 한 적은 시간을 보냈다. 어쩔 수 없이 회의에 참석해야 할 때는 조용히 아무 말도 하지 않는 것을 자연스럽게 배웠다.

그러나 나는 지금까지도 그 당시 말을 하지 못했던 내 자신에 크게 실망하고 있다. 수십 년 동안 일하면서 그 때가 내가 겁쟁이였던 유일한 시기였다. 지인들은 내가 말하면 일자리를 잃어버리고 결국 가족을 불행하게 하기 때문에 '똑똑한' 겁쟁이라고 격려해 주었다. 이런 조직을 경험한 이후 나는 나와 함께 일하는 모든 사람들이 같은 경험을 하지 않도록 더욱 헌신적으로 업무환경을 만들어주려고 노력했다. 그 이후 사람들이 용기 내어 발언할 때는 공개적으로 그의 용기에 감사를 표현했고, 존중하고 방어적이지 않은 방법으로 피드백을 받고 주기 위해 열심히 노력했다. 다행히 그 회사 CEO의 임기는 매우 짧았다.

신뢰와 관심의 힘

스마트머신 시대에서 우리의 성공과 경제적 번영은 우리의 감정에 영향을 받을까? 그렇다. 대부분의 경우 우리가 업무와 기업환경에서 느끼는 감정에 의해 이 모든 것이 결정될 것이다. 스마트머신 시대에서 최고의 인재를 채용하고 인적자원을 최대한 활용하고자 하는 조직의 내부관리 시스템은 긍정을 촉진하고 직원들의 자기결정 욕구를 충족시키며 심리적 안정을 제공하도록 설계되어야 한다. 구글과 픽사는 이런 환경에서 오는 느낌을 정확하게 이해하고 있다. 이 기업들은 문화, 프로세스, 성과 측정과 보상 체계 등을 통해 안전하고 신뢰할 수 있는 업무환경을 조성하고 리더와 관리자는 뉴 스마트 행동의 역할 모델이 되도록 노력한다. 이 기업들의 조직 체계는 자존심, 공포, 불신이 완화되도록 고안되어 있다. 다른 모든 일과 마찬가지로 원칙과 이론은 간단하다. 그러나 이를 매일 실행하여 조직의 문화로 만드는 것은 무척 어렵다.

몇몇 리더들은 감정에 대해 이야기할 때 다음과 같은 반응을 보였다. "만약 우리가 관심을 가지면 직원들은 우리를 이용할 뿐만 아니라 요구되는 기준은 점점 낮아질 것이다. 우리는 '연약하다'고 인식될 수 없다." 이에 대한 우리의 대답은 직원들에 대한 관심과 존중이 높은 기준을 유지하는 것과 아무런 연관성이 없다는 것은 과학적으로 이미 증명되었다는 점이다. 소비재회사에서 혁신을 주도한 내 친구는 "우리는 직원들이 자기의 자리만 지키는 것이 아니라 자유롭게 돌아다닐 수 있도록 안전한 환경을 만들어야 했다"라고 설명한다. 친구가 말하는 것은 지휘통제와 독재적인 리더십 모델은 민첩한 적응력과 움직임이 필요한 하이퍼러닝 조직에서는 효과적이지 않다는 것이다. 또한 많은 기업들의 인사운용 기능은 인력개발 기능으로 변경되어 임직원이 개인의 능력과 정서적 기술을 개발할 수 있도록 지원하고 테크놀로지가 할 수 없는 업무에 적합한 인원을 배치하고 해당 인원이 지속적으로 높은 수준의 능력을 발휘할 수 있도록 지원하는 기능이 될 것이다.

다양한 사람들이 소규모 프로젝트 팀에서 일할 때 가장 혁신적이다. 그 이유는 소그룹은 인간의 감성지능과 관계형 소프트 스킬을 가치 있는 능력으로 만들기 때문이다. 소그룹을 통한 문제 해결 및 업무 수행은 많은 조직에서 강조되는 새로운 방법이 될 것이다. 앞서 설명했던 소그룹과 관련하여 여성의 비율이 높을수록 문제 해결이나 창의적인 아이디어 창출에 효과적이라는 연구를 기억할 것이다. 여성은 남성보다 감성지능이 높고 자기애가 낮기 때문에 그룹 내 모든 사람이 참여하고 결과를 만드는 데 효과적인 역할을 한다. 결과적으로 스마트머신 시대에서는 여성 고위임원을 더 많이 볼 수 있게 될 것이다.

이는 뉴 스마트 조직은 업종이나 산업과 관계없이 개인의 학습능력과 조직의 인력개발 능력에 따라 승패가 결정될 것이다. 인력개발은 모든 임직원이 개발계획에 따라 성장하고 상사들은 부하직원이 성장할 수 있도록 도와주는 것을 의미한다. 미래의 기업은 현재보다 적은 직원 수로 운영될 것이기 때문에 개인별 개발 프로세스와 계획이 더욱 수월해질 것이다. 작은 그룹에서부터 시작하여 큰 그룹으로 이어지는 방법이 필요할 수도 있다. 관리자는 7~10명의 팀원이 최고 수준으로 기술을 개발할 수 있도록 지원해야 할 책임을 갖게 될 것이고 인력개발팀과 리더의 역할은 스마트머신 시대에서 조직이 지속적인 가치 창출을 실현하기 위한 필수조건이 될 것이다.

미래의 뉴 스마트 조직이 되기 위해 다른 기업들보다 미래지향적인 조직을 운영하고 있는 구글과 픽사에 대해 더 자세히 살펴보자. 앞서 구글과 픽사는 뉴 스마트와 휴밀리티를 받아들이는 문화를 도입했고 이와 관련한 리더들의 역할에 대해서도 언급했다. 이제 이 기업들이 어떤 방법으로 업무에 긍정적인 환경을 조성하고 직원의 자아결정 욕구를 충족과 심리적인 안정을 제공하는지 살펴보고자 한다.

구글의 혁신적인 하이퍼러닝 환경

구글은 1998년에 설립되어 2015년 12월 3일 회계연도 기준 약 75억 달러의 매출과 20퍼센트 이상의 수익률을 달성했다. 구글의 시장 가치는 5000억 달러에 달하고 5만여 명의 직원을 보유한 기술기반 기업으로 알려져 있다. 구글의 제품은 검색엔진, 자율주행 자동차self_driving car, 구글 안경google glass, 혈당을 모니터링하는 콘택트렌즈google glass, 인터넷을 제공하는 풍선Project Loon, 알파고AlphaGo와 같은 인공지능 등으로 알려져 있다. 구글은 많은 사람들에게 충분한 복지와 쾌적한 업무환경을 제공하는 기업으로도 알려져 있다. 또한 구글은 임직원의 능력을 최고의 수준으로 끌어올리기 위해 혁신 시스템을 통한 기업문화를 조성하고 이를 지원할 수 있도록 업무환경을 의도적으로 설계했다.

구글의 문화는 설립자로부터 비롯된 것이다. 그는 의미 있는 직장과 임직원뿐만 아니라 가족까지도 관심받고 있다는 것을 느낄 수 있는 회사를 만들고 싶어 했다. 구글이 만든 프로세스는 사람을 신뢰하고 그들에게 올바른 도구와 기회를 제공하는 환경 조성에 집중되어 있다. 이런 환경이 조성될 경우 가장 창의적이고 혁신적인 업무를 수행할 수 있다고 믿는 것이다. 흥미로운 점은 구글이 '스마트하고 창조적인 사람'이라고 불리는 독립적인 사상가를 고용한다는 것이다. 직원을 채용할 때 구글의 임직원이 보유해야 할 자질에 대한 목록이 있다. 라즐로 복 전 수석부사장은 그 목록에 있는 수많은 자질 중 가장 중요한 것은 휴밀리티라고 했다. 구글은 오만하고 자기중심적인 사람이나 모든 것을 알고 있다고 생각하는 사람은 채용하지 않는다. 설사 채용 프로세스에 오류가 있어 채용을 하더라도 그런 사람을 찾아 퇴사하도록 유도한다. 그 이유는 자기중심적 사람은 구글의 기업문화와 어울리지 않기 때문이다. 구글은 인간을 '학습 동물'이라고 생각하는 직원을 채용하고 그들이 배울 수 있는 환경을 만든다. 직원이 활발하게 학습하고 새로운 시도를 할수록 구글의 혁신 문화는 유지 및 강화될 수 있다.

구글의 기업문화는 실패가 용납되며, 잘못된 의사결정이나 방법에 반대할 수 있다. 신입사원이라도 동의하지 않으면 솔직하게 말하고, 상사에게 어려운 질문을 하거나 논쟁을 벌일 수 있다. 위험은 회사가 감수하고, 실험을 환영하는 환경을 조성하여 준비된 임직원의 자율성에 대한 욕구를 충족시킨다. 구글의 모든 임직원은 의견이 다를 경우 의견을 교환할 의무를 갖는다. 조용히 넘어가는 것은 반기업문화적 행동이다. 구글은 HiPPO가 아닌 데이터에 따라 결정을 이끌어내는 아이디어 실증주의로 운영된다. 구글은 직원들이 '목소리'를 갖고 있다면 일자리와 업무에 대한 의미와 책임감을 갖게 될 것이라고 믿는다. 구글의 문화는 자율성을 제공하고 공포를 완화시키며 심리적인 안정을 증진시키기 위해 고안된 것임에 주목할 필요가 있다.

구글은 '정리되지 않은' 협업을 포용한다. 구글에서 협업은 포괄성, 협력, 평등 등 3가지 원칙에 기반을 두고 있다. 사소한 의견이라도 나눌 가치를 인정하고 개인의 의견을 서슴없이 제시하고 표현할 수 있도록 구글은 자율성을 강조하고 있다. 모든 조직원이 자율적이고 안전한 대화 문화 조성에 기여하도록 구글은 정리되지 않은 협업을 포용하는 것이다. 구글은 또한 투명성을 포용한다. 기술 및 제품 정보는 모든 임직원에게 공유된다. 모든 직원은 개인의 목표와 결과를 공개하여 다른 사람들이 자신이 추구하는 의미가 무엇인지 이해할 수 있도록 한다. 사무실은 긍정적인 에너지를 불어넣고 직원 간 소통과 상호관계를 극대화하고 '관계'를 구축할 수 있도록 디자인되고 설계되어 있다. 오픈된 기술, 제품 정보, 사무실 구조 등을 통해 모든 임직원의 참여와 관심을 적극 유도하는 환경을 조성하는 것이다.

관리자는 부하직원들의 성과와 부하직원들이 '정리되지 않은' 협업에 자유롭게 참여할 수 있도록 고용, 해고, 성과평가, 보상, 승진 등 직원에 대한 인사권을 관리자에게 부여하지 않는다. 대신, 그 책임은 동료나 독립적 인사위원회가 맡는다. 여기서 핵심은 관리자가 '업무'에 대한 처벌을 하지 못하도록 해서 팀의 심리적 안정을 가능하게 한 것이다. 팀원은 팀장에게 잘 보이려고 진실을 왜곡하거나 결정적인 사안을 방관하지 않는다. 즉 혁신과 창의력에 걸림돌이 되는 자아방어와 두려움을 차단하는 것이다. 또한 관리자는 개인 또는 팀 전체를 지원하고 팀과 팀원이 목표를 달성하고 성과를 낼 수 있도록 팀원의 권한과 자율권을 보장해주는 역할을 수행한다. 구글에서 요구하는 관리자의 역할은 좋은 집행자가 아닌 좋은 조정자이다. 또한 구글은 혁신에 실패가 필요하다는 사실을 인정하고 실패로부터 학습하는 '의미 있는 실패fail well'을 하도록 권하고 있다. 또한 프로젝트에서 실패를 경험한 직원을 새롭고 의미 있는 프로젝트로 신속하게 옮길 수 있도록 지원한다. 소규모로 조직을 구성하고 직원들에게 업무 시간과 업무에 대한 선택권을 부여해야 한다고 믿는다.

구글은 다른 하이퍼러닝 기업과 같이 강력한 문화를 가지고 있으며 채용, 운영, 혁신 등을 위한 광범위한 프로세스도 갖추고 있다. 고용, 승진,

보상 등에 대한 프로세스는 편견을 완화하기 위해 설계되었다. 채용 프로세스는 개인이 아닌 직원으로 구성된 위원회가 결정한다. 구글은 그동안 조사한 회사 중 가장 광범위한 채용 프로세스를 보유하고 있다. 『구글의 아침은 자유가 시작된다』에서 복(Bock)은 구글이 연간 100~300만 개의 이력서를 검토하고 제출된 이력서 중 0.25퍼센트만 채용한다고 말했다. 홀륭한 직원을 채용하기 위해 막대한 시간과 돈을 투자한다는 것이다. 그렇다면 구글의 채용 프로세스는 완벽할까? 아니다. 그렇기 때문에 구글은 지속적으로 채용방법을 개선하고 채용된 직원의 '능력'을 향상시키고 구글에서 성공할 수 있도록 지원하는 방법을 연구하는 내부 연구조직이 있을 정도로 직원의 발전에 많은 투자를 하고 있다. 구글의 내부 연구조직은 지난 2015년 회사 블로그에 「성공적인 구글팀의 다섯 가지 열쇠」를 게시하여 해당 팀의 필요성을 입증했다. 내부 연구조직은 좋은 연구자들처럼 그들만의 가설을 가지고 있었다. 그들은 개개인의 특성과 기술에 대한 올바른 조합이 훌륭한 팀을 만드는 가장 중요한 요소라고 믿었다. 그리고 가설을 증명하기 위해 증거를 토대로 진리를 추구했을 때 자신들의 가설이 잘못되었다는 것을 발견했다. 그들은 올바른 조합보다 팀원 간 상호작용과 소통하는 방식이 훨씬 더 중요하다는 사실을 발견했다. 또한, 팀원들에게 위험을 감수할 수 있고 팀원들 앞에서 약점을 보여도 괜찮다는 심리적 안정을 보장하는 것이 가장 중요한 요소였다. 그리고 심리적 안정을 보장해주는 팀에서 일하는 직원의 장기근속 가능성이 높았으며, 더욱 효과적이고 생산적이었다. 이 사실은 강력한 메시지를 전달한다.

구글은 '임직원의 기능(인적자원/능력)'을 데이터를 기반으로 한 과학으로 만드는 작업에 매우 혁신적이다. 채용, 직원평가, 보상, 승진 등의 프로세스는 모두 데이터를 기반으로 하고 있다. 구글이 잠재력을 보유한 미래의 우수 '구글인'을 채용하는 것은 회사가 하는 가장 중요한 일이기 때문에 '사람'에 많은 투자를 하고 있다. 구글은 현상 유지를 거부하고 기존의 방법과 방식에 의문을 갖고 호기심이 많으며 새로운 일을 시도하고 실패할 용기를 가진 인재를 찾는다. 또한 팀원으로서 다른 의견을 제시하는 구글의 의무를 수용하는 사람을 채용하려고 노력한다. 평등주의(급여 제외)를 통해 서로 자유롭게 말하고 실패를 받아들이고 실패를 통해 배우는 문화를 조성한다. 즉, 투명성과 개방성을 중시하는 문화다. 구글의 문화는 데이터 중심의 결정과 탐험의 자유가 주어지는 실력주의 중심의 아이디어이다.

구글은 사람중심의 기업일까? 우리는 사람중심의 기업이라고 생각한다. 그렇다면 심리적 안정과 자아결정을 위한 직원의 욕구를 충족시키기 위해 노력하는 기업인가? 그렇다. 몇 년 전 구글 캠퍼스를 방문한 적이 있는데, 일반 기업이나 방위산업체 또는 투자은행을 방문했던 때와 전혀 다른 경험을 했다. 캠퍼스 내 음식과 복지 등은 정말 굉장했다. 복장 규정은 아주 캐주얼했고, 젊은 사람들이 많았다. 그러나 다른 기업과 비교했을 때 가장 큰 차이점은 직원들의 에너지 수준, 다른 사람들과 연계하고 협력을 촉진하는 사무 공간과 관리자가 계급이나 엘리트주의에 빠져 있지 않다는 점이었다. 구글 직원들은 열린 마음으로 어떤 질문에도 흔쾌히 대답해주었다. 두려움에 의해 제한받지 않는 열정이 느껴졌다. 로비와 휴식 공간에서 자유롭게 구글 직원들과 이야기를 나눌 수 있었고 그들은 업무 환경에 대한 자신만의 생각을 공유해주었다.

픽사의 혁신적인 하이퍼러닝 환경

우리는 2장에서 처음으로 픽사의 공동 설립자 겸 CEO인 에드 캣멀과 뉴 스마트에 대해 그가 권고하는 "우리의 아이디어는 우리가 아니며, 우리의 정신 모델은 현실이 아니다" 라는 것에 관련하여 논의했다. 캣멀이 픽사를 설립하며 세웠던 그의 개인적인 목적은 창의력을 최고 수준으로 끌어올릴 수 있는 조직을 만드는 것이었다. 그렇게 하기 위해 캣멀은 창의적인 사람들에게 자신감을 불어넣고 창의력을 불러일으키는 환경을 조성해야 했다. 이러한 감성적이며 긍정적인 환경을 조성하기 위해서는 새로운 시도를 하고 기존 방법에 얽매이거나 의존하지 않고 혁신적인 아이디어와 의견을 나눌 수 있는 안정적인 기업문화가 필요했다.

적극적인 참여와 혁신적인 이야기를 하기 위해서는 용기가 필요하며 임직원의 팀, 프로세스, 교육 등에 대한 신뢰가 있어야 한다. 또한 동료들은 자신에게 해를 끼치지 않고 새롭고 창의적인 일을 하기 위해 자신을 내려놓고 함께 일하고자 하는 사람들이라는 느낌을 가질 수 있는 환경이어야 한다. 심리적인 안정을 주는 환경에서 솔직하고 자유롭게 말하고 실수를 용납하고 지금까지 논의한 여러 유형의 두려움을 완화시킬 수 있어야 한다. 『창의성 회사』에서 주목해야 할 캣멀의 메시지는 창의적인 조직을 만드는 데에는 끊임없는 노력과 끝이 없다는 것을 믿고 실행한다는 것이다. 한 사람의 창의성, 솔직함, 한계를 극복할 수 있는 용기 등은 한번 한다고 끝나는 것이 아니다. 또한 두려움을 완전히 없앨 수도 없다. 그는 오늘도 픽사의 창의성을 방해하는 보이지 않는 미지의 억제제와 같은 요소들이 존재하며 캣멀을 포함한 픽사의 모든 임원 및 리더들의 임무는 억제제를 찾아 완화시키는 것이라고 말한다.

그는 만약 픽사가 만병통치약인 '특급 소스' 를 발견했다고 믿는다면 픽사의 창의력은 장기간 유지할 수 없다고 믿는다. 또한 하루하루를 경계해야 하고, 자만심을 없애고, 공포를 딛고 일어서고 완화시켜야 한다. 캣멀에 따르면 픽사에는 창의성을 유지하고 직원들의 창의력을 향상시키기 위해 서로 지속적인 확인과 의견을 나눈다. 캣멀이 설명했듯이, 픽사의 피드백은 실험하는 것처럼 새롭거나 부가적인 정보를 찾게 해준다.

과학적인 실험결과에 근거하여 피드백에 대한 결과를 유추하는 것은 매우 유용하다. 실험 결과가 예상했던 결과와 다를 때가 많기 때문이다. 예상하지 못했던 실험결과는 당신의 가설을 수정하고 강화시킨다. 과학은 여러 단계의 실험을 통해 단계적으로 답을 찾아가는데, 건설적인 피드백도 이와 크게 다르지 않다. 우리도 신뢰할 수 있고 목표를 공유하는 사람의 피드백을 통해 나의 잘못된 점을 파악하고 새로운 방법을 찾는 것도 학습하고 성장하는 좋은 방법이다. 우리가 신뢰하는 사람에게 기꺼이 자신의 업무를 공유하고 그들의 솔직한 피드백을 요청할 때, 아이디어를 수정하고 개선할 수 있다. 대조적으로 자신의 업무에 대한 피드백을 감정적으로 받아들이고 방어적으로 해석한다면, 업무를 더 좋은 방향으로 개선할 수 없다. 즉, 폐쇄적인 마음은 뉴 스마트에서 요구하는 높은 수준의 사고력, 경청능력, 관계능력, 협업능력 등을 달성할 수 없다. 사람의 마음가짐만으로 조직의 창의성을 높일 수 없다.

구글처럼 픽사도 자아결정에 대한 욕구를 충족시키는 사람중심의 문화를 가지고 있다. 픽사의 기업문화는 솔직함, 실패에 대해 용납, 휴밀리티, 공감 등에 초점을 맞추고 직원들이 훌륭한 직장생활과 건강한 개인생활을 할 수 있도록 돕고 있다. 의미 있는 직장과의 관계는 픽사의 초석이다. 직원들은 자신이 가장 효과적으로 일할 수 있도록 업무와 개인적인 일에 대한 자율권을 가지고 있다. 픽사에서는 모든 사람이 목소리를 낼 수 있다. 또한 구글처럼 공정함과 심리적인 안정에 대한 필요성을 인정하고 혁신처럼 창의적이기 위해서는 휴밀리티를 체화해야 하며 정서적인 자아방어는 창의력을 방해하는 요소로 인식된다. 또한 반복적인 실패를 통한 학습 과정이 있어야 창의력이 발휘된다는 사실을 직시하고 있다.

픽사의 피드백 프로세스 중 하나는 시니어 리더들이 제작자와 만나서 업무를 분석하는 '브레인트러스트^{braintrust}'이다. 이는 한자리에 모여 업무 및 결과에 대해 솔직한 비판을 하는 시스템이며, 사람을 비판하기 위함이 아니다. 일반 조직의 평가와 다른 점은 브레인트러스트는 아무런 권한이 없고 조언을 해줄 뿐이다. 받은 피드백을 판단하여 피드백을 채택하거나 거부할지는 팀의 몫이다. 이는 구글에서 관리자의 역할과 같은 의미이며, 브레인트러스트의 목적은 문제를 식별하고 개선방안을 제안하여 문제 해결 및 장애물을 사전에 제거하는 것이다.

픽사는 기업문화, 리더십, 프로세스 등을 통해 심리적 안정을 제공하고 자아결정 욕구를 충족시켜 정서적으로 긍정적이고 학습친화적인 환경을 유지한다. 픽사의 프로세스는 협업을 촉진하고 매일 다른 사람들이 업무를 리뷰하도록 설계되어 있다. 픽사의 문화는 투명성, 재임기간이나 계급에 관계없이 자유롭게 말할 권한, 실패하더라도 학습의 기회로 삼는다면 실패를 용납한다. 픽사의 리더와 관리자들도 일반 직원들과 동일한 방법으로 리뷰와 피드백을 받는다. 지휘나 연봉에 상관없이 모든 사람에게 동일한 기준과 프로세스를 적용함으로써 모든 직원들이 열린 마음으로 피드백을 받아들이고 시스템에 대한 믿음을 통해 상대방의 업무를 검토할 때도 사람을 공격하지 않고 건설적인 피드백을 제공하게 된다. 모든 직원이 같은 경험을 하기 때문에 서로 공감할 수 있다. 캣멀은 픽사의 "공정함은 잔인하지 않다"고 말한다.

캣멀은 실패로 인한 두려움에 대해 만약 당신이 실패를 경험하지 않는다면 "당신은 훨씬 더 큰 실수를 하고 있다. 당신은 피하고자 하는 열망에 이끌리는 것이다"라고 설명한다. 캣멀에 따르면 픽사는 실패를 두 개의 관점에서 바라보고 있다. 첫 번째 관점은 실패는 매우 고통스러운 일이지만, 최고의 성과를 위해서는 실패(즉 실험을 통한 학습)가 필수라는 것을 인정한다. 캣멀은 창의적인 실패를 자전거 타는 법을 배우는 것과 같다고 말한다. 혁신과 창의력을 단어 그대로 해석한다면, 혁신과 창의적인 일을 한다는 것은 처음 시도하는 일일 것이다. 그런데 우리는 왜 처음부터 신속한 결과를 얻을 수 있다고 기대할까? 자전거 타는 법을 배웠던 때를 생각해보기 바란다. 처음부터 큰 자전거를 잘 탔나? 당신의 대답은 아마도 "아니다"일 것이다. 자전거 타는 법을 어떻게 배웠나? 우리 중 일부는 보조바퀴 달린 자전거로 시작했을 것이다. 작은 자전거로 시작한 사람도 있을 수 있다. 그리고 연습하고 또 연습하며 타는 법을 완전히 습득하기까지 계속적으로 시도했을 것이다. 혁신과 창의력도 자전거 타는 것과 크게 다르지 않다.

픽사가 주는 또 다른 교훈은 갈등과 의견 불일치는 좋은 것이라는 것이다. 최고 수준의 사고력이나 창의성을 발휘하기 위해서는 의견 차이가 있어야 하며, 의견 충돌은 공개적이고 솔직하게 해결해야 한다. 다른 의견을 자유롭게 말하고 상대방의 비판을 받아들이고 다른 생각과 의견을 이해하려는 태도가 픽사가 최고의 성과를 이루는 중요한 프로세스다. 픽사는 이러한 프로세스를 통해 임직원들이 뉴 스마트를 수용할 수 있는 환경을 제공하고 있다.

픽사가 강조하는 의견 충돌과 서로 다른 의견을 해결하기 위해 심리적인 안정을 보장하는 프로세스들은 많은 조직의 관습(즉 일반기업에서 상급자의 생각과 의견에 반대해서는 안 되고 조직의 일원이 되기 위해서는 아무 말없이 따라가야 하며 조직의 평화를 어지럽혀서는 안 되는 문화)에 위배된다.

픽사와 구글의 시스템은 모두 긍정, 자아결정, 심리적 안정 등을 제공하도록 설계되어 있어 임직원들이 새로운 영역을 탐구하고 "왜"를 묻고 기존 방법에 도전하도록 유도한다. 두 문화는 실수와 실패 등으로 바보처럼 보이거나, 다른 사람들에 의해 받을 처벌이나 상처 등에 대한 두려움에 맞서기 위해 고안되었다. 픽사와 구글은 미래 조직의 모습을 보여주는 모범적 사례이며, 픽사와 구글은 뉴 스마트 조직이라 할 수 있다.

프로세스의 중요성

최고의 뉴 스마트 조직은 프로세스의 중요성과 사용법을 알고 있다. 픽사의 독특한 피드백 프로세스, 브리지워터의 Radical Transparency 프로세스, 인튜이트의 Rapid Experimentation와 같은 프로세스는 뉴 스마트 행동을 활성화 및 촉진시키고 긍정, 자기결정권, 정서적 안정감 등을 개발시킨다. 뉴 스마트 조직에서 프로세스는 직원들이 지속적으로 학습하고 4개의 스마트머신 시대 역량을 최고 수준으로 개선할 수 있도록 설계되어야 한다. 조직의 시스템에는 비판적 사고, 혁신적인 사고, 숙고적인 경청, 마음챙김, 협업, 실험, 채용, 인력 개발, 피드백 등을 진행하는 프로세스가 포함되어야 한다. 프로세스는 자동적인 인식과 감정적 판단을 극복하고 자아와 공포의 영향을 줄이는 데 도움이 된다. 지금까지 살펴본 모든 하이퍼러닝 기업들은 그 기업만의 엄격한 프로세스를 일상적으로 적용하고 있다.

학습, 혁신, 가치 창출, 탁월함 등은 모두 행동에 기인한 결과이다. 만약 자신이나 팀 또는 조직에 변화를 가져오고 싶다면 가장 먼저 변경하거나 강조하고자 하는 행동을 정의하는 것에 집중하는 것이 좋다. 생각하는 방식, 경청하는 방식, 관계를 맺고 협업하는 방식, 감정 및 행동 방식, 우리가 환경을 대하는 방법, 나와 팀 또는 기업의 효율성을 결정하는 방법 등의 행동에 대한 정의를 내려야 한다. 행동은 매일 하는 것이고 개인적이며 측정되고 관리되어야 한다.

그리고 행동은 조직의 최상위 집단부터 시작해야 한다. 만약 CEO나 임원단이 논의한 개념에 동의하지 않고 역할모델로 행동을 보이지 않을 경우 조직은 스마트머신 시대에서 성과 또는 경쟁력을 유지할 수 없다. 앞에서 언급된 모든 하이퍼러닝 기업의 고위직 리더와 CEO들이 최전방에서 변화를 행동으로 보여주고 주요 행동의 역할모델이었다. 나는 수많은 경영교육과 컨설팅을 통해 "내 사람들을 고칠 필요가 있다"라는 CEO들의 생각을 확인했다. 그러나 이런 말에 대한 내 반응은 항상 "당신은 자신을 고칠 준비가 되어 있습니까?" 라고 묻는 것이었다.

카네기멜론 경영대학의 창립자이자 노벨상 수상자인 허버트 사이먼은 자신의 자서전에서 사업관리에 대해 다음과 같이 설명했다.

> 좋은 관리의 원칙은 간단하고 사소한 것이다. 좋은 관리는 많은 사람들이 기독교의 가르침을 행동으로 옮기지 못하는 것과 동일한 이유로 널리 행해지지 않고 있다. 원리가 무엇인지 이해하는 것만으로는 충분하지 않다. 좀 더 편안하고 쾌적한 길로 걸어가려고 하는 강한 욕구에 직면하더라도 이길 수 있는 강하고 깊은 습관에 빠져들어야 가능하다.

자기규율을 통해 4개의 스마트머신 시대 역량을 완벽하도록 매일 훈련하고 수행하는 것은 스마트머신 시대 최대의 도전과제이다. 뉴 스마트와 휴밀리티에 기초한 마인드를 수용하고 뉴 스마트 행동을 연습하는 것은 시작에 불과하다. 우리는 최고 수준의 사고력, 혁신, 창의력 등을 위해 사소한 활동까지 관여하고 훈련해야 하는 것은 결코 편안하거나 즐거운 일은 아니라는 것을 받아들여야 한다. 우리 생각에 대해 매일 지인의 의견과 평가를 받는 것은 쉬운 일이 아니다. 팀이나 상사의 생각이나 의견에 반대하고 실수를 인정하고 두려움을 직면하고 자존심을 통제하는 것은 불편한 일이다. 사람은 흔들릴 수 있고 옳은 길을 유지하는 데 도움이 필요하다. 이러한 도움은 조직문화, 프로세스, 리더십의 역할모델 등에서 받을 수 있고 또한 팀원에게 변화가 가져오는 어려움과 문제에 대해 서로 공감하고 도움을 받을 수도 있다.

스마트머신 시대를 준비하고 새로운 시대에서 성공하기 위해 걸어가야 할 여정은 결코 쉽거나 단기간 안에 끝낼 수 없다. 픽사의 창의력처럼 여정은 끝나지 않을 것이다. 그 이유는 인간의 진화론적 조건과 최근의 우리 사회규범 및 압력에 대항해야 하기 때문이다. 그럼에도 불구하고, 우리는 여정을 시도해 봤기 때문에 가능하다는 것을 알고 있다. 향후 수십 년 동안 최고의 성과를 내는 조직은 인력을 개발하고 임직원들이 인간의 우수성을 실현할 수 있도록 돕는 행동에 집중하는 조직이 될 것이다. 이러한 조직은 우수 인원이 그들의 잠재력을 최대한 발휘할 수 있는 무대가 될 것이다.

뉴 스마트 조직 진단도구

구글, 픽사, 브리지워터, 스타벅스, UPS, 시스코, W. L. 고어, IDEO, 사우스웨스트항공, 미 해병대 등과 같은 조직은 전략적 미션을 달성하기 위해 임직원의 행동을 유도하는 시스템을 갖추고 있다. 이러한 기업들은 사람중심, 성과 중심 및 직원 참여 중심의 조직이다. 우리는 조직이 임직원의 능력을 최고 수준으로 끌어올리기 위해서는 사람중심적인 기업문화와 높은 수준의 직원 참여가 필요하다고 생각한다. 이를 위해서는 개인과 조직 모두 긍정적인 자세와 자아결정 욕구가 충족되어야 하고, 심리적 안정이 보장되고 지속적인 반복학습과 자기개발에 대한 헌신 등이 요구된다.

어디서부터 시작해야 할까? 다음과 같이 시작해보기 바란다.

1. 활성화하고 홍보하고자 하는 특정사고와 행동을 찾아라.

2. 이러한 행동을 가능하게 하고 촉진시키는 조직 시스템을 설계한다. 시스템이란 조직의 구성, 문화, 인적자원 정책, 리더의 행동, 성과 측정 및 보상 프로세스 등을 의미한다. 모든 임직원들에게 일관된 메시지를 보내기 위해서는 시스템의 목적과 의도가 일관되어야 한다.

3. 프로세스가 필요하다는 점에 유의해야 한다. 프로세스는 자체 규율을 용이하게 하고, 사람의 자동적이고 본능적인 행동을 완화하는 데 도움이 된다.

뉴 스마트 조직을 만드는 데 필요한 핵심 구성요소 중 최종 체크리스트는 다음과 같다. 각 항목을 읽으면서 등급을 매기며 당신이 속한 조직을 생각해 보길 바란다.

A=매우 좋음, B=좋음, C=보통, D=나쁨, F=매우 나쁨

기업문화

1. 인도주의적이고 사람중심적이다.

2. 지속적인 학습과 자기개발이 가능하다.

3. '스타' 문화가 아닌 팀 문화가 조성되어 있다.

4. 엘리트주의와 계급주의가 없다.

5. 공정함을 중요한 가치로 생각하고 엄연한 현실에 직면한다.

6. 데이터 중심의 의사결정을 바탕으로 하는 실력주의적 조직이다.

7. 정서적으로 긍정적인 업무환경을 제공한다.

8. '말할 권한의 자유'를 보장한다.

9. 건설적으로 토론하고, 현 상태에 도전하며 의견을 제시할 의무가 있다.

10. 심리적 안정을 제공한다.

11. 자아의 안정을 돕는다.

12. 두려움을 완화시킨다(예를 들어 사후분석을 통한 말하기, 실험을 통한 학습, 엄격한 사고 프로세스 등).

13. 알고 있는 것은 중요하지 않으며, '모르는 것'을 배우는 방법에 높은 가치를 두고 있다.

14. 내부 경쟁보다는 협력을 선호한다.

15. 사람중심의 리더십 모델을 가지고 있다.

16. 휴밀리티를 포용한다.

17. 상호간 책임을 요구한다.

권장하는 행동

1. 휴밀리티(조용한 자존심).

2. 마음챙김.

3. 열린 마음.

4. 공감과 동정.

5. 숙고적 경청.

6. 사고관리.

7. 감정관리.

8. 정서적으로 연결하고, 관계를 맺고, 다른 사람들과 잘 어울린다.

9. 변화, 모호성, 새로운 도전 등을 수용한다.

10. 존중, 존엄, 진실하게 다른 사람들을 대한다.

11. 개선을 위해 의견을 구하고 매일 노력한다.

12. 자기훈련.

13. 상호책임.

14. 경쟁이 아닌 투명한 협업.

임직원의 높은 참여와 인력개발 모델

1. 자아결정의 욕구를 충족시킨다.

2. 모든 직원은 행동을 기반으로 하는 개인차원의 개발 계획을 가지고
   있다.

3. 리더와 관리자는 임직원의 개발 성과에 따라 평가와 보상을 받는다.

4. 모든 직원은 자신의 인사평가에 대한 권한이 없는 자기개발 멘토가
   있다.

내부 프로세스

1. 문화적 적합성을 고려하여 엄격하게 채용한다.

2. 실시간 피드백이 이루어진다.

3. 투명하고 공정하며 일관된 보상 및 승진 정책이 있다.

4. 재무성과뿐만 아니라 행동성과 평가도 고려한다.

5. 학습 속도를 반영하여 능력을 평가한다.

6. 효율적 회의 관리.

7. 비판적 사고.

8. 창의적이고 혁신적인 사고.

9. 신속한 실험.

10. 협업.

11. 숙고적 경청.

12. 사후 대응조치 평가.

13. 프리모텀(PreMortems).

14. 머릿속 생각의 시각화.

15. 두려움 관리.

16. 전방위 평가.

후기

　우리가 이 책을 쓴 이유는 여러분이 스마트머신 시대에 적합한 새로운 사고와 행동을 받아들이도록 하기 위함이다. 우리의 이야기에는 두 명의 영웅(뉴 스마트와 휴밀리티)과 네 명의 조연배우(자아통제, 자기관리, 숙고적 경청 및 타자성)가 등장한다. 여러분이 어떻게 혹은 어디에서 일하든지, 뉴 스마트와 배려를 받아들이고 뉴 스마트 행동을 포용하는 것이 스마트머신 시대에서 인지적으로 그리고 감정적으로 뛰어나기 위해서는 반드시 필요하다. 이를 실현한다면 기술 진보로 인해 급속히 변화하는 세계에서 성공할 수 있는 가능성이 더욱 높아진다.

　당신이 팀 매니저 혹은 조직의 리더라면, 이 책은 당신이 조직적인 우수성과 가치 창출을 위해 다른 사람들과 어떻게 연결되고, 그들을 어떻게 이끌고 가야 하는지를 알려줄 것이다. 미래의 조직은 인간적이고 긍정적이며 협력적인 업무 환경을 갖춘 뉴 스마트 조직이 될 것이다. 이러한 업무 환경하의 학습과 개발만이 다양한 이해관계자들을 만족시킬 수 있는 가치를 창출할 수 있을 것이다. 구성원들이 성장하고 개선하는 것을 도와주는 것이 당신의 주요 책무 중 하나가 될 것이다. 당신 자신이 실천하지 않는다면 다른 사람들을 그렇게 만드는 것은 매우 어려운 일이 될 것이다.

스마트 로봇이나 인공지능, 스마트머신, 사물인터넷, 바이오의학, 유전자 엔지니어링, 나노 테크놀로지, 양자 컴퓨팅quantum computing, 그리고 가상현실 등의 분야에서 예상되는 기술 진보는 우리의 인간성과 조직 그리고 사회를 크게 변화시킬 것이다. 우리뿐만 아니라 우리의 후손들은 최고 수준의 사고능력, 학습, 타인과의 감정적 교류를 가능하게 하는 새로운 정신 모델과 행동에 영향을 받을 것이다.

우리는 당신이 뉴 스마트 행동을 위한 개인차원의 개선 계획을 실행하여 의미 있는 일과 관계를 만들어나갈 기회를 넓혀가길 바란다. 여러분은 스마트머신 시대 인간의 잠재력을 충분히 발휘할 수 있기 위해, 자동성의 굴레를 깨트리고, 자아를 통제하고 숙고적으로 경청하고 사고와 감정을 관리하고 감정적으로 연결하고 타인과 연결할 수 있는 선택권을 가지고 있다. 아리스토텔레스는 다음과 같이 말했다. "우리는 우리가 반복적으로 행하는 것이다. 탁월함은 행동이 아니라 습관이다."

우리의 희망이 인간의 우수성을 추구하는 당신의 여정과 함께 하길 바란다.

에드워드 헤스와 캐서린 루드위그

저자주

1 A discussion of historical workplace automation and its impact on the meaning of work and the role of management can be found in Shoshana Zuboff's book In the Age of the Smart Machine: The Future of Work and Power (New York: Basic Books, 1988).

2 Erik Brynjolfsson and Andrew McAfee, The Second Machine Age: Work, Progress, and Prosperity in a Time of Brilliant Technologies (New York: Norton, 2014), 132.

3 Martin Ford, Rise of the Robots: Technology and the Threat of a Jobless Future (New York: Basic, 2015), xi.

4 Ibid.

5 Elaine Pofeldt, "Shocker: Forty Percent of Workers Now Have 'Contingent' Jobs, Says U.S. Government," Forbes, May 25, 2015.

6 Carl Benedikt Frey and Michael A. Osborne, "The Future of Employment: How Susceptible Are Jobs to Computerisation?" Oxford Martin School Working Paper, Oxford University September 17, 2013, http://www.oxfbrdmartin.ox.ac.uk/downloads/academic/The_Future_of_Employment.pdf; Steve Goldstein, "Eighty Million U.S. Jobs at Risk from Automation, Central Bank Official Says," Marketwatch, November 12, 2015, www.marketwatch.com.

7 John A. Bargh and Tanya L. Chartrand, "The Unbearable Automaticity of Being," American Psychologist 54, no. 7 (1999): 462-79; Dolly Chugh and Max H. Bazerman, "Bounded Awareness: What You Fail to See Can Hurt You," Mind & Society 6, no. 1 (2007): 1-18; Gerald L. Clore and Janet Palmer, Affective Guidance of Intelligent Agents: How Emotion Controls Cognition," Cognitive Systems Research 10, no. 1 (2009): 21-30; Antonio Damasio, Descartes' Error: Emotion, Reason, and the Human Brain (New York: Penguin, 1994); Daniel Kahneman, "Bias, Blindness, and How We Truly Think (Part 1)," Bloomberg.com, October 24, 2011; Kahneman, "A Short Course in Thinking about Thinking," Edge Master Class, Edge.org, Rutherford, CA,

July 20-22, 2007, www.edge.org/; Daniel Kahneman and Gary Klein, "Condi−tions for Intuitive Expertise: A Failure to Disagree," American Psychologist 64, no. 6 (2009): 515-26; Elizabeth A. Phelps, "Emotion and Cognition: Insights from Stud-ies of the Human Amygdala," Annual Review of Psychology 57 (2006): 27-53; Ron Ritchhart and David N. Perkins, "Learning to Think: The Challenges of Teach−ing Thinking," in The Cambridge Handbook of Thinking and Reasoning, ed. Keith J. Holyoak and Robert G. Morrison (Cambridge: Cambridge University Press, 2005); Justin Storbeck and Gerald L. Clore, "On the Interdependence of Cognition and Emotion," Cognition and Emotion 21, no. 6 (2007): 1212—37; Amos Tversky and Dan−iel Kahneman, "Judgment under Uncertainty: Heuristics and Biases," Science 185 (1974): 1124-31.

8 Chris Argyris, "Teaching Smart People How to Learn," Harvard Business Review 69, no. 3 (1991): 99-109; Jack Mezirow, "Transformative Learning: Theory to Prac−tice," New Directions for Adult and Continuing Education 74 (1997): 5-12; Abraham H. Maslow, Toward a Psychology of Being (Princeton, NJ: D. Van Nostrand, 1962); Rich−ard J. Davidson and Sharon Begley, The Emotional Life of Your Brain: How Its Unique Patterns Affect the Way You Think, Feel, and Live−and How You Can Change Them (New York: Plume, 2013).

9 Barbara Fredrickson, Love 2.0: How Our Supreme Emotion Affects Everything We Feel, Think, Do, and Become (New York: Penguin, 2013), 10.

10 Jerry Kaplan, Humans Need Not Apply: A Guide to Wealth and Work in the Age of Artifi-cial Intelligence (New Haven, CT: Yale University Press, 2015).

Chapter I The Smart Machine Age: A New Game Requires New Rules

1 Richard Feloni, "Billionaire Hedge Fund Manager Ray Dalio—Who Encourages' Employees to See Their Team as a 'Machine' —Is Building an Artificial Intelligence Unit," Business Insider, February 27, 2015; Jonathan Cohn, "The Robot Will See You Now," Atlantic, February 20, 2013.

2 Peter Diamandis, "Disrupting Today' s Healthcare System," Huffington Post, Novem−ber 9, 2015.

3 Barb Darrow, "Computers Can' t Read Your Mind Yet, but They' re Getting Closer," Fortune, September 11, 2015.

4 Frank MacCrory, George Westerman, Yousef Alhammadi, and Erik Brynjolfsson, "Racing with and against the Machine: Changes in Occupational Skill Composition in an Era of Rapid Technological Advance," Thirty-Fifth International Conference on Information Systems, Auckland, December 14-17, 2014, 14.

5 Choe Sang-Hun, "Google' s Computer Program Beats Lee Se-dol in Go Tourna−ment," New York Times, March 15, 2016.

6 See, for example, Ford, Rise of the Robots; Carl Benedikt Frey and Michael Osburn,

"Technology at Work: The Future of Innovation and Employment," Citi GPS: Global Perspectives & Solutions, February 2015, www.oxfordmartin.ox.ac.uk; Brynjolfsson and McAfee, Second Machine Age: Work; David Hemous and Morten Olsen, "The Rise of the Machines: Automation, Horizontal Innovation, and In−come Inequality," IESE Business School Working Paper No. WP1110-E, Decem−ber 8, 2014, http://papers.ssrn.com/sol3/papers.cfm?abstract_id=2328774; J. D. Heyes, "Robots to Take Over Jobs in Human Service Industry, Increasing the Percentage of Unemployed Americans," Natural News, April 3, 2013, www.natural- news.com; "Immigrants from the Future," Economist, March 29, 2014; "Rise of the Robots," Economist, March 29, 2014; Cohn, "The Robot Will See You Now"; "The Disruptive Era of Smart Machines Is upon Us," Gartner report, September 30,2013; Adam Clark Estes, "Meet Google's Robot Army. It's Growing," Gizmodo, January 27, 2014, gizmodo.com; Seth G. Benzell, Laurence J. Kotlikoff, Guillermo LaGarda, and Jeffrey D. Sachs, "Robots Are Us: Some Economics of Human Replacement," NBER Working Paper No. 20941, National Bureau of Economic Research, Cam-bridge, MA, February 2015.

7 "Amazon's Bezos: It's Hard to Overstate Impact of AI," May 31, 2016, www. msn.com / en-us / video / tunedin I amazons-bezos-hard-to-overstate-impact-of-ai / vp-BBtJTKz.

8 "What's Next for Artificial Intelligence: The Best Minds in the Business … on What Life Will Look Like in the Age of the Machines," Wall Street Journal, June 14, 2016.

9 Kevin Kelly, The Inevitable: Understanding the 12 Technological Forces That Will Shape Our Future (New York: Viking, 2016), 21.

10 Goldstein, "Eighty Million U.S. Jobs at Risk from Automation."

11 Frey and Osborne, "Future of Employment."

12 Pofeldt, "Shocker: Forty Percent of Workers Now Have 'Contingent' Jobs."

13 Ryan Kim, "By 2020, Independent Workers Will Be the Majority," Gigaom, Decem-ber 8, 2011, gigaom.com/2011/12/08/mbo-partners-network-2011/.

14 Ford, Rise of the Robots, 176

15 Tony Wagner, Most Likely to Succeed: Preparing Our Kids for the Innovation Era (New York: Scribner, 2015), 63.

16 Howard Gardner, Five Minds for the Future (Boston: Harvard Business Press, 2006).

17 See, e.g., "New Vision for Education: Unlocking the Potential of Technology," World Economic Forum and Boston Consulting Group, Geneva, Switzerland (2015); MacCrory, Westerman, Alhammadi, and Brynjolfsson, "Racing with and against the Machine."

18 Daniel T. Willingham, "Critical Thinking: Why Is It So Hard to Teach?" Arts Educa-tion Policy Review 109, no. 4 (2008): 21-32.

19 Daniel Kahneman, Thinking, Fast and Slow (New York: Farrar, Straus and Giroux, 2011), 14.

20 Ibid., 24.

21 Ibid.

22 Ibid., 3.

23 Herbert Simon, Models of My Life (Cambridge: MIT Press, 1996), 144.

24 Gerald L. Clore and Jeffrey R. Huntsinger, "How Emotions Inform Judgment and Regulate Thought," Trends in Cognitive Science 11, no. 9 (2007): 393-99; Gerald L. Clore and Janet Palmer, "Affective Guidance of Intelligent Agents: How Emotion Controls Cognition," Cognitive Systems Research 10, no. 1 (2009): 21-30; Antonio R. Damasio, "Descartes' Error and the Future of Human Life," Scientific American 271, no. 4 (1994): 144; Jan De Houwer and Dirk Hermans, eds., Cognition and Emotion: Reviews of Current Research and Theories (Hove, UK: Psychology Press, 2010); Mary Helen Immordino-Yang, "The Smoke around Mirror Neurons: Goals as Socio-cultural and Emotional Organizers of Perception and Action in Learning," Mind, Brain, and Education 2, no. 2 (2008): 67-73; Mary Helen Immordino-Yang, Joanna A. Christodoulou, and Vanessa Singh, "Rest Is Not Idleness: Implications of the Brain's Default Mode for Human Development and Education," Perspectives on Psy-chological Science 7, no. 4 (2012): 352-64; Mary Helen Immordino-Yang and Antonio Damasio, "We Feel, Therefore We Learn: The Relevance of Affective and Social Neuroscience to Education," Mind, Brain, and Education 1, no. 1 (2007): 3-10; Mary Helen Immordino-Yang and Kurt W. Fischer, "Neuroscience Bases of Learning," in International Encyclopedia of Education, 3rd ed., ed. V. G. Aukrust (Oxford: Else-vier, 2009); Nasir Naqvi, Baba Shiv, and Antoine Bechara, "The Role of Emotion in Decision Making: A Cognitive Neuroscience Perspective," Current Directions in Psychological Science 15, no. 5 (2006): 260-64; Mike Oaksford, Frances Morris, Becki Grainger, and J. Mark G. Williams, "Mood, Reasoning, and Central Executive Pro-cesses," Journal of Experimental Psychology: Learning, Memory, and Cognition 22, no. 2 (1996): 476-92; Luiz Pessoa, "Emergent Processes in Cognitive-Emotional Interac-tions," Dialogues in Clinical Neuroscience 12, no. 4 (2010): 433-48; Pessoa, "How Do Emotion and Motivation Direct Executive Control?" Trends in Cognitive Sciences 13, no. 4 (2009): 160-66; Pessoa, "On the Relationship between Emotion and Cogni-tion," Nature Reviews/Neuroscience 9 (2008): 148-58; Justin Storbeck and Gerald L. Clore, "On the Interdependence of Cognition and Emotion," Cognition and Emotion 21, no. 6(2007): 1212-37.

25 Karen Gasper, "Do You See What I See? Affect and Visual Information Process-ing," Cognition and Emotion 18, no. 3 (2004): 405-21; Gasper, "Permission to Seek Freely? The Effect of Happy and Sad Moods on Generating Old and New Ideas," Creativity Research Journal 16, nos. 2-3 (2004): 215-29; Gasper, "When

Necessity Is the Mother of Invention: Mood and Problem Solving," Journal of Experimental Social Psychology 39, no. 3 (2003): 248-62; Karen Gasper and Gerald L. Clore, "Attending to the Big Picture; Mood and Global versus Local Processing of Visual Informa−tion," Psychological Science 13, no. 1 (2002): 34-40; Barbara L. Fredrickson, "Updat−ed Thinking on Positivity Ratios," American Psychologist 68, no. 9 (2013): 814-22; Barbara L. Fredrickson, Positivity: Groundbreaking Research Reveals How to Embrace the Hidden Strength of Positive Emotions, Overcome Negativity, and Thrive (New York: Crown, 2009); Fredrickson, "The Role of Positive Emotions in Positive Psychology: The Broaden-and-Build Theory of Positive Emotions," American Psychologist 56, no. 3 (2001): 218-26; Barbara L. Fredrickson and Christine Branigan, "Positive Emo−tions Broaden the Scope of Attention and Thought-Action Repertoires," Cognition and Emotion 19, no. 3 (2005): 313-32.

26 Daniel Dennett, Intuition Pumps and Other Tools for Thinking (New York: Norton, 2013), 21.

27 Pietro Badia, Bonnie McBane, and Steve Suter, "Preference Behavior in an Imme−diate versus Variably Delayed Shock Situation with and without a Warning Signal," Journal of Experimental Psychology 72, no. 6 (1966): 847-52.

28 Roy Baumeister and Mark Leary, "The Need to Belong: Desire for Interpersonal Attachments as a Fundamental Human Motivation," Psychological Bulletin 117, no. 3 (1995): 497-529.

29 Geoff Colvin, Humans Are Underrated: What High Achievers Know That Brilliant Ma-chines Never Will (New York: Portfolio, 2015).

Chapter 2 NewSmart: A New Definition of "Smart"

1 Jack Mezirow, "Transformative Learning: Theory to Practice," New Directions for Adult and Continuing Education 74 (Summer 1997): 5.

2 Ibid., 7.

3 Ed Catmull and Amy Wallace, Creativity, Inc.: Overcoming the Unseen Forces That Stand in the Way of True Inspiration (New York: Random House, 2014), 94.

4 Ibid., 182.

5 Ray Dalio, Principles, Bridgewater Associates, www.bwater.com/Uploads/File-Manager/Principles/Bridgewater-Associates-Ray-Dalio-Principles.pdf.

6 Edward D. Hess, Learn or Die: Using Science to Build a Leading-Edge Learning Organi-zation (New York: Columbia University Press, 2014).

7 Ray Dalio, "How to Get a Job … at Bridgewater," Bloomberg.com, April 12, 2012.

8 Hess, Learn or Die, 122-26.

9 Stuart Firestein, Ignorance: How It Drives Science (Oxford: Oxford University Press,

2012), 15.

10 Kahneman, Thinking, Fast and Slow, 14.

11 Christopher Peterson and Martin E.P. Seligman, Character Strengths and Virtues: A Handbook and Classification (Oxford: Oxford University Press, 2004), 144.

12 Mark Pagel, "Knowledge as Hypothesis," in This Will Make You Smarter: New Scien－tific Concepts to Improve Your Thinking, ed. John Brockman (New York: Harper Pe－rennial, 2012), 341.

13 Max Tegmark, "Promoting a Scientific Lifestyle," in Brockman, This Will Make You Smarter, 20.

14 Carlo Rovelli, " The Uselessness of Certainty," in Brockman, This Will Make You Smarter, 51.

15 Paul and Elder, Critical Thinking, 33.

16 Steven Johnson, Where Good Ideas Come From: The Natural History of Innovation (New York: Riverhead, 2010), 134.

17 Mihaly Csikszentmihalyi, Creativity: Flow and the Psychology of Discovery and Inven－tion (New York: Harper Perennial, 1997), 11.

18 Brene Brown, Daring Greatly: How the Courage to Be Vulnerable Transforms the Way We Live, Love, Parent, and Lead (New York: Avery, 2012), 130.

19 Ibid.

20 Carol S. Dweck, Mindset: The New Psychology of Success (New York: Ballantine, 2006), 175.

21 Tom Kelley and David Kelley, Creative Confidence: Unleashing the Creative Potential within Us All (New York: Crown Business, 2013), 51.

Chapter 3 Humility: The Gateway to Human Excellence in the SMA

1 "Valuable Intellectual Traits," CriticalThinking.org, www.criticalthinking.org/ pages / valuable-intellectual-traits / 528.

2 Jean M. Twenge and W. Keith Campbell, The Narcissism Epidemic: Living in the Age of Entitlement (New York: Atria, 2009).

3 W. Keith Campbell and Constantine Sedikides, "Self-Threat Magnifies the Self-Serv－ing Bias: A Meta-Analytic Integration," Review of General Psychology 3, no. 1 (1999): 23; Miron Zuckerman, 'Attribution of Success and Failure Revisited, or: The Moti－vational Bias Is Alive and Well in Attribution Theory," Journal of Personality 47, no. 2 (1979): 245-87.

4 Roger G. Tweed and Darrin R. Lehman," Learning Considered Within a Cultur－al Context: Confucian and Socratic Approaches," American Psychologist 57, no. 2

(2002): 95.

5 For an overview of recent research, see Joseph Chancellor and Sonja Lyubomirsky, "Humble Beginnings: Current Trends, State Perspective, and Hallmarks of Humility," Social and Personality Psychology Compass 7, no. 11 (2013): 819-33.

6 P. Z. Myers, "The Mediocrity Principle," in Brockman, This Will Make You Smarter, 6.

7 Frans de Waal, "What I Learned from Tickling Apes," New York Times, April 8, 2016, .

8 Adam Grant, Give and Take: Why Helping Others Drives Our Success (New York: Pen-guin, 2014).

9 Jim Collins, Good to Great: Why Some Companies Make the Leap ... and Others Don't (New York: HarperBusiness, 2001), 22.

10 Douglas LaBier, "Why Humble, Empathic Business Leaders Are More Success-ful," Huffington Post, December 24, 2014; Karoline Hofslett Kopperud, "Engaging Leaders in the Eyes of the Beholder on the Relationship between Transformational Leadership, Work Engagement, Service Climate, and Self-Other Agreement," Journal of Leadership & Organizational Studies 21, no. 1 (2014): 29-42; Bradley P. Owens, "Expressed Humility in Organizations: Implications for Performance, Teams, and Leadership," Organization Science 24, no. 5 (2013): 1517-38.

11 See, for example, Adam Bryant, Quick and Nimble: Lessons from Leading CEOs on How to Create a Culture of Innovation (New York: Times Books, 2014); Hess, Learn or Die.

12 Edward D. Hess, The Road to Organic Growth: How Great Companies Consistently Grow Marketshare from Within (New York: McGraw-Hill, 2007), 147.

13 Hess, Learn or Die, 18.

14 Ibid.

15 Ibid.

16 Ibid.

17 Laszlo Bock, Work Rules! Insights from Inside Google That Will Transform How You Live and Lead (New York: Twelve, 2015).

18 Quoted in Thomas L. Friedman, "How to Get a Job at Google," New York Times, February 22, 2014.

19 Ibid.

20 Laszlo Bock, Work Rules! Insights from Inside Google That Will Transform How You Live and Lead (New York: Twelve, 2015), 67.

21 Catmull and Wallace, Creativity, Inc., xvi.

22 Jocko Willink and Leif Babin, Extreme Ownership: How U.S. Navy SEALs Lead and

Win (New York: St. Martin's, 2015), 100.

Chapter 4 Quieting Ego

1 Walter Mischel, The Marshmallow Test: Mastering Self-Control (New York: Little, Brown, 2014), 260,

2 Barbara Fredrickson, Positivity: Groundbreaking Research Reveals How to Embrace the Hidden Strength of Positive Emotions, Overcome Negativity, and Thrive (New York: Crown, 2009), 179.

3 Jon Kabat-Zinn, Wherever You Go, There You Are: Mindfulness Meditation in Everyday Life (New York: Hyperion, 1994), 4.

4 Matthew A. Killingsworth and Daniel T. Gilbert, "A Wandering Mind Is an Unhappy Mind," Science 330, no. 6006 (2010): 932.

5 William James, The Principles of Psychology, vol. 1 (New York: Cosimo Classics, 2013), 424.

6 Richard J. Davidson et al., "Alterations in Brain and Immune Function Produced by Mindfulness Meditation," Psychosomatic Medicine 65, no. 4 (2003): 564-70; Gaelle Desbordes et al., "Effects of Mindful-Attention and Compassion Meditation Training on Amygdala Response to Emotional Stimuli in an Ordinary, Non-Meditative State," Frontiers in Human Neuroscience 6 (2012); Britta K. Holzel et al., "How Does Mindfulness Meditation Work? Proposing Mechanisms of Action from a Conceptual and Neural Perspective," Perspectives on Psychological Science 6, no. 6 (2011): 537-59; Britta K. Holzel et al., "Mindfulness Practice Leads to Increases in Regional Brain Gray Matter Density," Psychiatry Research 191, no. 1 (2011): 36-43; Jon Kabat-Zinn, "Mindfulness-Based Interventions in Context: Past, Present, and Future," Clinical Psychology: Science and Practice 10. no. 2 (2003): 144-56; Olga M. Klimecki, Susanne Leiberg, Claus Lamm, and Tania Singer, "Functional Neural Plasticity and Associ-ated Changes in Positive Affect after Compassion Training," Cerebral Cortex 23, no. 7(2013): 1552-61; Amishi P.Jha, Jason Krompinger, and Michael J. Baime, "Mindful-ness Training Modifies Subsystems of Attention," Cognitive, Affective, ir Behavioral Neuroscience 7, no. 2 (2007): 109-19; Amishi P. Jha et al., "Examining the Protective Effects of Mindfulness Training on Working Memory Capacity and Affective Ex-perience," Emotion 10, no. 1 (2010): 54-64; Antoine Lutz, Julie Brefczynski-Lewis, Tom Johnstone, and Richard J.Davidson, "Regulation of the Neural Circuitry of Emotion by Compassion Meditation: Effects of Meditative Expertise," PLOS ONE3, no. 3 (2008): el 897; Antoine Lutz, Helecn A. Slagter, John D. Dunne, and Richard J. Davidson, "Attention Regulation and Monitoring in Meditation," Trends in Cognitive Sciences 12, no. 4 (2008): 163-69.

7 Badri Bajaj and Neerja Pande, "Mediating Role of Resilience in the Impact of Mind-

fulness on Life Satisfaction and Affect as Indices of Subjective Well-Being," Person−ality and Individual Differences 93 (2016): 63-67.

8 Mark Williams and Danny Penman, Mindfulness: An Eight-Week Plan for Finding Peace in a Frantic World (New York: Rodale, 2011), 5.

9 Ibid., 6; Holzel et al., "How Does Mindfulness Meditation Work?"; Holzel et al., "Mindfulness Practice Leads to Increases in Regional Brain Gray Matter Density."

10 Elliott Kruse, Joseph Chancellor, Peter M. Ruberton, and Sonja Lyubomirsky, "An Upward Spiral between Gratitude and Humility," Social Psychological and Personality Science 5, no. 7 (2014): 805-14.

11 Barbara Ehrenreich, "The Selfish Side of Gratitude," New York Times, December 31, 2015.

Chapter 5 Managing Self: Thinking and Emotions

1 Hess, Learn or Die.

2 Ibid., 81-86.

3 Ibid., 75-78.

4 Gary Klein, Seeing What Others Don't: The Remarkable Ways We Gain Insights (New York: PublicAffairs, 2013).

5 Ibid., 86-87.

6 Ibid., 245; Jeanne Liedtka and Tim Ogilvie, Designing for Growth: A Design Thinking Tool Kit for Managers (New York: Columbia University Press, 2011).

7 Intuit Labs, "NEXT Tool: Rapid Experiments with Customers," www.intuitlabs.com/portfolio/next-tool/, accessed August 1, 2016.

8 Twyla Tharp, The Creative Habit: Learn It and Use It for Life (New York: Simon and Schuster, 2003).

9 R. Keith Sawyer, Explaining Creativity: The Science of Human Innovation (New York: Oxford University Press, 2012).

10 Gary Klein, "Performing a Project PreMortem," Harvard Business Review 85, no. 9 (2007): 18-19.

11 Ibid.

12 Richard J. Davidson, The Emotional Life of Your Brain: How Its Unique Patterns Affect the Way You Think, Feel, and Live—and How You Can Change Them (New York: Plume, 2012), 90.

13 Walter Mischel, The Marshmallow Test: Mastering Self-Control (New York: Little, Brown, 2014), 150.

14 Hess, Learn or Die, 156.

15 Tharp, Creative Habit, 31.

16 Ibid., 21.

17 Kelley and Kelley, Creative Confidence, 183.

18 Gregory Berns, Iconoclast: A Neuroscientist Reveals How to Think Differently (Boston: Harvard Business Press, 2008), 76-81.

19 Pamela Weintraub, "The Voice of Reason," Psychology Today, June 2014, 58.

20 Mischel, Marshmallow Test, 260.

21 Peter Salovey and J. D. Mayer, "Emotional Intelligence," Imagination, Cognition, and Personality 9 (1990): 189.

22 John D. Mayer and Peter Salovey, "What Is Emotional Intelligence?," in Emotional Development and Emotional Intelligence: Educational Implications, ed. Peter Salovey and David J. Sluyter (New York: Basic Books, 1997).

23 Anita Williams Woolley et al., "Evidence for a Collective Intelligence Factor in the Performance of Human Groups," Science 330.6004 (2010): 686-88.

24 David Engel et al., "Reading the Mind in the Eyes or Reading between the Lines? Theory of Mind Predicts Collective Intelligence Equally Well Online and Face-to-Face," PLOS ONE 9.12 (2014): ell5212.

25 Lisa Feldman Barrett, "What Emotions Are and Aren't," New York Times, July 31, 2015.

Chapter 6 Reflective Listening

1 William Isaacs, Dialogue: The Art of Thinking Together (New York: Crown Business, 1999), 84.

2 Jane E. Dutton, Energize Your Workplace: How to Create and Sustain High-Quality Con-nections at Work (San Francisco: Jossey-Bass, 2003), 37.

3 Isaacs, Dialogue, 101.

4 Ibid., 149.

Chapter 7 Otherness: Emotionally Connecting and Relating to Others

1 Barbara Fredrickson, Positivity: Top-notch Research Reveals the 3:1 Ratio That Will Change Your Life (New York: Three Rivers, 2009), 191.

2 Jane E. Dutton, Energize Your Workplace: How to Create and Sustain High-Quality Con-nections at Work (San Francisco: Jossey-Bass, 2003), 16-17.

3 Sidney M. Jourard, The Transparent Self (New York: Van Nostrand Reinhold, 1971), 6.

4 Barbara Fredrickson, Love 2.0: How Our Supreme Emotion Affects Everything We Feel, Think, Do, and Become (New York: Penguin, 2013), 10.

5 Edgar H. Schein, Humble Consulting: How to Provide Real Help Faster (Oakland, CA: Berrett-Koehler, 2016), 15.

6 Ibid., 23.

Chapter 8 Your NewSmart Behaviors Assessment Tool

1 Robert Kegan and Lisa Laskow Lahey, Immunity to Change: How to Overcome It and Unlock the Potential in Yourself and Your Organization (Boston: Harvard Business Press, 2009).

Chapter 9: Leading a NewSmart Organization

1 Abraham H. Maslow, Toward a Psychology of Being, 3rd ed. (New York: Wiley, 1998), 65.

2 Hess, Learn or Die.

3 Paul P. Baard, Edward L. Deci, and Richard M. Ryan, "Intrinsic Need Satisfaction: A Motivational Basis of Performance and Well-Being in Two Work Settings," Journal of Applied Social Psychology 34 (2004): 2046; Edward L. Deci and Richard M. Ryan, "The 'What' and 'Why' of Goal Pursuits: Human Needs and the Self-Determination of Behavior," Psychological Inquiry 11, no. 4 (2000): 227-68.

4 Richard Feloni, "Facebook's HR Chief Conducted a Company-Wide Study to Find Its Best Managers and Seven Behaviors Stood Out," Business Insider, January 27, 2016, www.businessinsider.com/.

5 Adam Grant, Originals: How Non-Conformists Move the World (New York: Viking, 2016), 13.

6 Julia B. Bear and Anita Williams Woolley, "The Role of Gender in Team Collaboration and Performance," Interdisciplinary Science Review 36, no. 2 (2011): 146-53; Marc A. Brackett, John D. Mayer, and Rebecca M, Warner, "Emotional Intelligence and Its Relation to Everyday Behavior," Personality and Individual Differences 36 (2004): 1387-1402; Larry Cahill, "His Brain, Her Brain," Scientific American Mind, special collectors' edition 21, no. 2 (2010): 4-11; Cahill, "Why Sex Matters for Neuroscience," Nature Reviews Neuroscience 7, no. 6 (2006): 477-84; Emily Grijalva et al., "Gender Differences in Narcissism: A Meta-Analytic Review," Psychological Bulletin 141, no, 2 (2015): 261; William Ickes, Paul R. Gesn, and Tiffany Graham, "Gender Differences in Empathic Accuracy: Differential Ability or Differential Motivation?" Personal Relationships 7 (2000): 95-109.

7 Bock, Work Rules!, 67.

8 Eric Schmidt and Jonathan Rosenberg, How Google Works (New York: Grand Central, 2014), 155.

9 Ibid., 237.

10 Catmull and Wallace, Creativity, Inc., 185.

11 Ibid., 101.

12 Ibid., 61.

13 Ibid., 104.

14 Ibid., 109.

15 Ibid.

16 Ibid., 139.

17 Herbert A. Simon, Models of My Life (Cambridge, MA: MIT Press, 1996), 150.

참고문헌

Laszlo Bock, Work Rules! Insights from Inside Google That Will Transform How You Live and Lead (New York: Twelve, 2015).

Lyle E. Bourne Jr. and Alice F. Healy, Train Your Mind for Peak Perfor-mance: A Science-Based Approach for Achieving Your Goals (Washington, DC: American Psychological Association, 2013).

David Brooks, The Road to Character (New York: Random House, 2015).

Brené Brown, Daring Greatly: How the Courage to Be Vulnerable Trans-forms the Way We Live, Love, Parent, and Lead (New York: Avery, 2012).

Peter C. Brown, Henry L. Roediger III, and Mark McDaniel, Make It Stick: The Science of Successful Learning (Cambridge, MA: Belknap press of Harvard University Press,2014).

Erik Brynjolfsson and Andrew McAfee, The Second Machine Age: Work, Progress, and Prosperity in a Time of Brilliant Technologies (New York: Norton, 2014).

Susan Cain, The Power of Introverts in a World That Can' t Stop Talking (New York: Crown, 2012).

Ed Catmull and Amy Wallace, Creativity, Inc.: Overcoming the Unseen Forces That Stand in the Way of True Inspiration (New York: Random House, 2014).

Jim Collins and Jerry I. Porras, Successful Habits of Visionary Companies, 10th rev. ed. (New York: HarperBusiness, 2004).

Richard J. Davidson and Sharon Begley, The Emotional Life of Your Brain: How Its Unique Patterns Affect the Way You Think, Feel, and Live—and How You Can Change Them (New York: Hudson Street, 2012).

Jane E. Dutton, Energize Your Workplace: How to Create and Sustain High-Quality Connections at Work (San Francisco: Jossey-Bass, 2003).

Carol S. Dweck, Mindset: The New Psychology of Success (New York: Bal-lantine, 2006).

Amy C. Edmondson, Teaming: How Organizations Learn, Innovate, and Compete in the Knowledge Economy (San Francisco: Jossey-Bass, 2014).

Anders Ericsson and Robert Pool, Peak: Secrets from the New Science of Expertise (New York: Houghton Mifflin Harcourt, 2016).

Martin Ford, Rise of the Robots: Technology and the Threat of a Jobless Future (New York: Basic, 2015).

Barbara L. Fredrickson, Positivity: Groundbreaking Research Reveals How to Embrace the Hidden Strength of Positive Emotions, Overcome Negativity, and Thrive (New York: Crown, 2009).

Marshall Goldsmith, What Got You Here Won't Get You There: How Successful People Become Even More Successful (New York: Hyperion, 2007).

Adam Grant, Originals: How Non-Conformists Move the World (New York: Viking, 2016).

Chip Heath and Dan Heath, Decisive: How to Make Better Choices in Life and Work (New York: Crown Business, 2013).

Edward D. Hess, Learn or Die: Using Science to Build a Leading-Edge Learn-ing Organization (New York: Columbia University Press, 2014).

William Isaacs, Dialogue: The Art of Thinking Together (New York: Crown Business, 1999).

Jon Kabat-Zinn, Mindfulness for Beginners: Reclaiming the Present Moment and Your Life (Boulder, CO: Sounds True, 2012).

Daniel Kahneman, Thinking, Fast and Slow (New York: Farrar, Straus and Giroux, 2011).

David Kelley and Tom Kelley, Creative Confidence: Unleashing the Creative Potential within Us All (London: William Collins, 2015).

Gary Klein, Seeing What Others Don't: The Remarkable Ways We Gain Insights (New York: PublicAffairs, 2013).

Jeanne Liedtka and Tim Ogilvie, Designing for Growth: A Design Think-ing Tool Kit for Managers (New York: Columbia University Press, 2011).

Walter Mischel, The Marshmallow Test: Mastering Self-Control (New York: Little, Brown, 2014).

Richard Paul and Linda Elder, Critical Thinking: Tools for Taking Charge of Your Professional and Personal Life (Upper Saddle River, NJ: Pearson Education, 2014).

Bernard Roth, The Achievement Habit: Stop Wishing, Start Doing, and Take Command of Your Life (New York: HarperCollins, 2015).

R. Keith Sawyer, Explaining Creativity: The Science of Human Innovation (Oxford: Oxford University Press, 2012).

Edgar H. Schein, Humble Consulting: How to Provide Real Help Faster (Oakland, CA: Berrett-Koehler, 2016).

————, Humble Inquiry: The Gentle Art of Asking Instead of Telling (San Francisco: Berrett-Koehler, 2013).

Eric Schmidt and Jonathan Rosenthal, How Google Works (New York: Grand Central, 2014).

Philip E. Tetlock and Dan Gardner, Superforecasting: The Art and Science of Prediction (New York: Crown, 2015).

Twyla Tharp, The Creative Habit: Learn It and Use It for Life (New York: Simon and Schuster, 2003).

Tony Wagner, Most Likely to Succeed: Preparing Our Kids for the Innovation Era (New York: Scribner, 2015).

Mark Williams and Danny Penman, Mindfulness: An Eight-Week Plan for Finding Peace in a Frantic World (New York: Rodale, 2011).

찾아보기

미래를 준비하는 인간

AI시대, 우리는 어떻게 준비해야 하는가

초판 1쇄 발행일 2019년 10월 31일

지은이 에드워드 헤스, 캐서린 루드위그
옮긴이 이음연구소
펴낸이 박영희
편집 김영림, 박은지
디자인 최민형
마케팅 김유미
인쇄·제본 AP프린팅
펴낸곳 도서출판 어문학사
　　　서울특별시 도봉구 해등로 357 나너울 카운티 1층
　　　대표전화: 02-998-0094/편집부1: 02-998-2267, 편집부2: 02-998-2269
　　　홈페이지: www.amhbook.com
　　　트위터: @with_amhbook
　　　블로그: 네이버 http://blog.naver.com/amhbook
　　　　　　다음 http://blog.daum.net/amhbook
　　　e-mail: am@amhbook.com
　　　등록: 2004년 7월 26일 제2009-2호

ISBN 978-89-6184-937-1 03190
정가 16,000원

이 도서의 국립중앙도서관 출판시도서목록(CIP)은 e-CIP홈페이지(http://www.nl.go.kr/ecip)와
국가자료공동목록시스템(http://www.nl.go.kr/kolisnet)에서 이용하실수 있습니다.
(CIP제어번호: CIP2019041878)

※잘못 만들어진 책은 교환해 드립니다.